Wir mussten flüchten

Für Juma, Oliver und Rio
von Christoph und Nora

Christoph Drösser lebt als freier Journalist und Autor in San Francisco (USA). Davor war er 18 Jahre lang bei der Wochenzeitung DIE ZEIT Redakteur im Ressort Wissen. Dort schuf er unter anderem die Kolumne „Stimmt's?", in der er Fragen seiner Leserinnen und Leser nach Alltagsphänomenen beantwortet. Christoph Drösser hat über 20 Bücher veröffentlicht, darunter auch mehrere Kinderbücher zu Wissensthemen.

Nora Coenenberg ist Illustratorin, Infografikerin und Editorial Designerin und wohnt in Hamburg. Seit 2012 gehört sie zum Gestaltungsteam der Wochenzeitung DIE ZEIT und betreut hier u. a. die Ressorts Politik und Wirtschaft. Neben dieser Tätigkeit gestaltet sie gern alles, worin Zahlen vorkommen, zum Beispiel Geschäftsberichte und Kindersachbücher. Außerdem unterrichtet sie, berät andere Künstlerinnen und Künstler bei der Gestaltung ihres Portfolios und hält Vorträge zum Thema Grafikdesign.

Weitere Bücher von Christoph Drösser und Nora Coenenberg

Absolut rekordverdächtig

Es geht um die Wurst

100 Kinder

Ausgezeichnet mit dem Deutschen Jugendliteraturpreis 2021.

Mehr über unsere Bücher, Autor*innen und Illustrator*innen auf:
www.gabriel-verlag.de

Christoph Drösser
Nora Coenenberg

Wir mussten flüchten

Was es bedeutet, die Heimat zu verlassen und irgendwo neu anzufangen

Gabriel

INHALT

STELL DIR VOR …

»⟶ Du wachst auf, weil deine Mutter oder dein Vater dich unsanft schüttelt. „Wach auf, wir müssen fliehen!"

Du reibst dir verwundert die Augen. Gerade hattest du noch einen schönen Traum und jetzt das. Fliehen? Was heißt das überhaupt? Fliehen wovor? Fliehen wohin?

Deine Eltern laufen hektisch durch die Wohnung und suchen Sachen zusammen, die sie in ein paar Koffer packen. Dein Vater gibt dir einen kleinen Koffer mit Rollen. „Hier, pack deine wichtigsten Anzieh- und Spielsachen da rein! Schnell!"

»⟶ Jetzt bist du plötzlich ganz wach. Wahrscheinlich kommt die Sache für dich nicht völlig überraschend. Du hast in den Gesprächen der Erwachsenen in den letzten Wochen und Monaten mitbekommen, dass sie sich Sorgen machen – zum Beispiel weil in deinem Land ein Krieg herrscht und sie sich nicht mehr sicher fühlen.

Auch im Fernsehen gab es immer mehr Meldungen zu der gefährlichen Situation. Vielleicht hast du sogar mit deinen Freundinnen und Freunden auf der Straße „Krieg" gespielt, weil ihr immer mehr von diesen Nachrichten gehört habt. Aber dass ihr euer Haus und eure Stadt verlassen müsst – das hast du nicht wirklich für möglich gehalten.

»⟶ „Die wichtigsten Sachen" sollst du in diesen winzigen Koffer packen? Was meint dein Vater damit? Und wie sollen die alle da hineinpassen? Klar, du brauchst Sachen zum Anziehen – eher Winter- oder eher Sommerklamotten? Aber Spielzeug willst du natürlich auch mitnehmen. Die Spielkonsole? Zu schwer. Überhaupt solltest du vielleicht alles, was Strom braucht, zu Hause lassen – wer weiß, wann du wieder einen Stecker in die Steckdose stecken kannst oder frische Batterien bekommst. Ausnahme: Wenn du ein Handy hast, nimm es unbedingt mit! Bücher sind gut, aber die sind nach ein paar Tagen ausgelesen. Trotzdem packst du ein paar ein, vielleicht kannst du ja mit anderen Kindern tauschen. Und ganz automatisch greifst du nach deinem Plüsch-Tiger, obwohl du eigentlich schon seit ein paar Jahren nicht mehr mit Stofftieren spielst.

Die anderen sind fertig mit dem Packen. Dein kleiner Bruder weint, weil ihm die Situation Angst macht. Aber auch du musst mit den Tränen kämpfen, wenn du an die ungewisse Zukunft denkst. Kommen überhaupt alle mit, die ich lieb habe? Und sehe ich die, die nicht mitkommen, wieder? Wo gehen wir überhaupt hin? Fahren wir in eine andere Stadt oder verlassen wir sogar das Land? Wie lange werden wir unterwegs sein? Wo schlafen wir? Was für eine Sprache sprechen die Leute dort? Und ist das alles gefährlich?

Bevor ihr die Wohnung verlasst, wirfst du noch einen Blick zurück. Ob wir jemals hierher zurückkehren werden?

So ähnlich ist es vielen Kindern in der Ukraine gegangen, als dort 2022 ein Krieg ausbrach. Flucht bedeutet immer, eine gewohnte und früher einmal sichere Umgebung zu verlassen und sich auf eine ungewisse Reise zu begeben.

Das ist ein einschneidendes Ereignis im Leben von Menschen und insbesondere von Kindern. Warum Menschen fliehen, wie es ihnen dabei geht und wie wir ihnen helfen können, darum geht es in diesem Buch. *

WAS BEDEUTET FLUCHT?

100 MILLIONEN AUF DER FLUCHT

»⟶ Geflüchtete – bis vor wenigen Jahren dachten die meisten Menschen hierzulande bei dem Wort an Menschen, die irgendwo in Afrika oder anderen Teilen der Welt aus ihrer Heimat vertrieben wurden und in großen Lagern unter schlechten Bedingungen lebten. Ein schlimmes Problem, aber ganz weit weg von uns.

Im Jahr 2015 kamen plötzlich mehr als eine Million Geflüchtete aus Syrien zu uns, die dort vor dem Bürgerkrieg geflohen waren. Geflüchtete wurden nun zu einem Thema, mit dem sich fast jeder und jede auseinandersetzen musste. Wo können die Menschen wohnen? Können die Kinder in unsere Schulen gehen? Wie lernen eine Million Menschen Deutsch? Finden die Erwachsenen einen Arbeitsplatz bei uns?

»⟶ Und dann begann 2022 der Krieg in der Ukraine. Wieder kamen Hunderttausende von Geflüchteten über die Grenze in andere europäische Länder. Das zeigt, dass es jeden und jede treffen kann. Heute führt man noch ein normales, bequemes Leben mitten in Europa – und morgen muss man seine

Sachen packen und sich zumindest zeitweise eine neue Heimat suchen.

»⟶ Über 100 Millionen Menschen sind im Moment irgendwo auf der Welt auf der Flucht – so viele Menschen, wie Deutschland, Österreich und die Schweiz zusammen an Einwohnern haben. Und etwa die Hälfte davon sind Kinder und Jugendliche unter 18 Jahren. Eine Million Kinder wurden in den letzten Jahren sogar auf der Flucht geboren. *

Geflüchteter, Migrant, Auswanderer – was ist der Unterschied?

»⟶ Was Geflüchtete sind, wird auf der nächsten Seite ausführlich beschrieben. Im Moment ist die offizielle Bezeichnung, die in Gesetzen oder in der Beschreibung von Fluchtbewegungen aus vergangenen Zeiten verwendet wird, immer noch „Flüchtlinge".

Respektvoller empfinden Menschen mit Fluchterfahrung die Begriffe „Geflüchtete" und „Schutzsuchende", weil sie offener sind und sie nicht nur als Menschen bezeichnen, die eine Flucht hinter sich haben. Daher haben wir uns entschieden, in diesem Buch diese Bezeichnungen zu verwenden.

Von 20 Kindern in Deutschland haben acht eine Migrationsgeschichte (siehe Seite 67), sechs von ihnen haben die deutsche Staatsangehörigkeit.

Manchmal ist auch von *Migranten* die Rede – das sind alle Menschen, die von einem Land ins andere ziehen, auch wenn das freiwillig geschieht. Aus der Sicht ihres Heimatlands sind sie *Emigranten* oder Auswanderer, aus der Sicht des Aufnahmelands sind sie *Immigranten* oder Einwanderer. ✱

WARUM FLIEHEN MENSCHEN?

Soziale, politische oder religiöse Verfolgung

»⟶ Im Jahr 1951 unterschrieben 19 Länder die Genfer Flüchtlingskonvention. Damit verpflichteten sie sich, Geflüchteten zu helfen. Inzwischen haben 175 Staaten diese Vereinbarung unterschrieben, das sind fast alle Länder der Erde. In diesem Vertrag steht: Ein „Flüchtling" ist eine Person, die …

„aus der begründeten Furcht vor Verfolgung wegen ihrer Rasse*, Religion, Nationalität, Zugehörigkeit zu einer bestimmten sozialen Gruppe oder wegen ihrer politischen Überzeugung sich außerhalb des Landes befindet, dessen Staatsangehörigkeit sie besitzt".

Das klingt kompliziert, aber man kann den Satz in seine Teile zerlegen. Dann sind „Flüchtlinge" Menschen, die

- ihr Land verlassen haben,
- weil sie dort verfolgt wurden,
- und zwar aus einem der Gründe, die in dem Satz aufgelistet werden.

»⟶ Diese Geflüchteten haben in Deutschland ein Recht auf Asyl (siehe Seite 60), das heißt, sie dürfen dauerhaft bleiben. Das ist aber weniger als die Hälfte der flüchtenden Menschen. (Fast alles, was wir in diesem Buch über Deutschland schreiben, gilt übrigens auch für Österreich und die Schweiz!) ✱

*„Rasse" ist ein altes Wort, das im Sprachgebrauch nicht mehr üblich ist. Es existieren keine menschlichen „Rassen". Das Wort wird zwar in einigen Gesetzestexten noch verwendet, aber Politiker denken darüber nach, es zu entfernen.

800.000 Rohingya, eine muslimische Volksgruppe in Myanmar (siehe die Karte auf Seite 18), wurden 2017 vertrieben, weil die buddhistische Mehrheit mit ihnen nicht mehr zusammenleben wollte. Das Militär von Myanmar ging dabei sehr brutal vor und wird dafür vor dem Gericht der Vereinten Nationen verklagt.

Hier sind weitere Gründe, warum Menschen fliehen:

Krieg

»→ Darunter fallen zum Beispiel die Geflüchteten aus der Ukraine. Sie werden nicht wirklich verfolgt in ihrer Heimat, aber sie haben Angst um ihr Leben. Die meisten von ihnen dürfen erst mal bei uns bleiben. ✱

Wirtschaftliche Gründe

»→ Viele Menschen aus armen Ländern versuchen, in ein reicheres Land zu fliehen. Etwa weil sie zu Hause keine Arbeit mehr haben. Oft wird gesagt, das sind keine „richtigen" Geflüchteten, weil sie von niemandem bedroht wurden. Aber diese Menschen haben meist keine andere Wahl, wenn sie ein würdevolles Leben führen wollen. In Deutschland werden die meisten dieser Geflüchteten nicht aufgenommen. ✱

Umwelt und Klima

»→ Der Klimawandel betrifft vor allem Länder, die jetzt schon nicht sehr reich sind. Durch die Erderwärmung wird es dort immer schwieriger, Landwirtschaft zu betreiben. Es gibt mehr Überschwemmungen oder auch große Trockenheit. Eine Hilfsorganisation hat geschätzt, dass bis zum Jahr 2050 zwischen 150 und 200 Millionen Menschen wegen des Klimawandels ihr Heimatland verlassen müssen. ✱

Nach einem Sturm oder einer Überschwemmung ist oft so viel zerstört, dass die Menschen lieber fortgehen und woanders von vorne anfangen.

Oft tobt ein Krieg oder Bürgerkrieg nur in einem Teil eines Landes – dann fliehen die Menschen in eine andere Region. Diese Menschen haben es besonders schwer, denn ihre eigene Regierung schützt sie oft nicht mehr, aber internationale Organisationen können ihnen auch nicht immer helfen.

GEFLÜCHTETE WELTWEIT

Über 80 Prozent der Geflüchteten auf der Welt stammen aus nur zehn Ländern. Wir zeigen diese Länder – und diejenigen, die am meisten Geflüchtete aufgenommen haben.

Venezuela

Eigentlich ist das Land reich, weil dort Öl gefördert wird. Aber die Misswirtschaft der Regierung hat dazu geführt, dass viele Menschen arm sind und das Land verlassen.

Sudan und Südsudan

2011 wurde der Süden des Sudan ur abhängig. Dort gibt es aber weiterhin einen Bürgerkrieg. Und im Sudan selbs fliehen Menschen aus der umkämpfte Region Darfur.

Anzahl der geflohenen Menschen

Länder, die die meisten Geflüchteten aufgenommen haben

Stand: Januar 2023

Ukraine

Im Februar 2022 hat Russland die Ukraine angegriffen, seitdem herrscht dort Krieg. Viele Ukrainer fliehen in andere Teile des Landes, aber auch in die Nachbarländer in Europa.

Syrien

In Syrien herrscht seit 2011 ein Bürgerkrieg, viele Städte sind von den Regierungstruppen zerstört worden. Über 850.000 Syrer haben seit 2015 in Deutschland eine neue Heimat gefunden.

Afghanistan

In Afghanistan wird seit vielen Jahren gekämpft. Die letzte Fluchtbewegung wurde 2021 ausgelöst, als die Soldaten aus den USA das land verließen und die fundamentalistischen Taliban wieder an die Macht kamen.

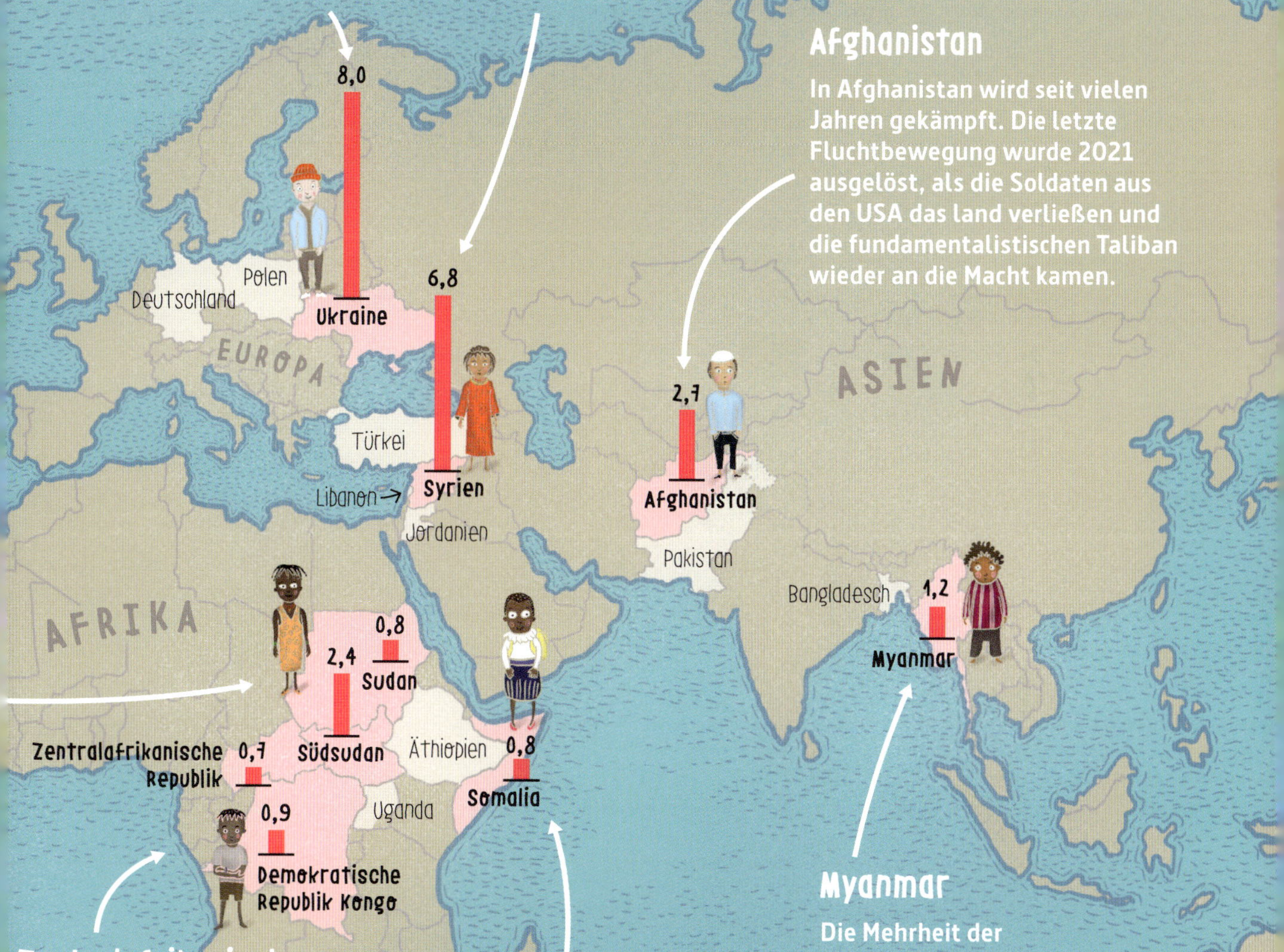

Zentralafrikanische Republik und Demokratische Republik Kongo

Die Länder gehören zu den ärmsten der Welt. Rebellen und die Regierungen bekämpfen sich, davor fliehen viele Menschen. Besonders Kinder haben nicht genug zu essen.

Somalia

In dem Land am Horn von Afrika gibt es keine stabile Regierung. Die Menschen fliehen vor dem immer wieder aufflammenden Bürgerkrieg, aber auch vor Hungersnöten.

Myanmar

Die Mehrheit der Menschen in Myanmar sind Buddhisten, die muslimische Minderheit der Rohingya wird oft brutal unterdrückt. Deshalb sind viele Rohingya in Nachbarländer geflüchtet.

WER NIMMT DIE MEISTEN GEFLÜCHTETEN AUF?

»⟶ Unser Land hat sehr viele Geflüchtete aufgenommen. Doch die meisten dieser Menschen fliehen nicht in reiche Länder wie Deutschland, Österreich oder die Schweiz. Die überwiegende Mehrheit lebt in Lagern in Ländern, die selbst nicht sehr wohlhabend sind. Es gibt zwei Länder auf der Welt, in denen mehr Geflüchtete leben als in Deutschland.

»⟶ Schau mal auf die Kreise auf dieser Seite: Sie zeigen die fünf Länder, die in den letzten Jahren die meisten Geflüchteten aufgenommen haben. Die großen Kreise entsprechen der Bevölkerung des Landes, die kleinen gelben stellen die Geflüchteten dar.

Vier von den fünf Ländern haben vor allem Geflüchtete aus den Nachbarländern aufgenommen, in denen Kriege oder Bürgerkrieg wüten: Die Türkei und Jordanien aus Syrien, Polen aus der Ukraine und Uganda aus Südsudan. Der größte Teil der Geflüchteten in Deutschland kommt aus Syrien und seit 2022 aus der Ukraine.

Die fünf Länder, die die meisten Geflüchteten aufgenommen haben, im Vergleich zur Bevölkerung (Stand: Januar 2023)

Schau mal auf die Kreise von Jordanien: Im Vergleich zur gesamten Bevölkerung leben dort viel mehr Geflüchtete als bei uns! Das zeigt, dass diese Länder, die direkt an ein Krisenland grenzen, viel mehr mit großen Mengen von Geflüchteten zu kämpfen haben als wir.

GESCHICHTE DER FLUCHT

FLUCHT GAB ES ZU ALLEN ZEITEN

»—› Gibt es immer mehr Geflüchtete? Wenn man in deinem Alter ist, dann muss man diesen Eindruck haben. Millionen Menschen haben sich in den letzten Jahren auf den Weg gemacht.

Aber wenn ihr noch Großeltern oder Urgroßeltern habt, dann können die euch vielleicht erzählen, dass es Flucht und Vertreibung von Menschen auch in der Vergangenheit gegeben hat. Mit teilweise viel mehr Geflüchteten als heute.

»—› Seit es Menschen gibt, sind die durch die Welt gezogen. Sonst würden wir heute immer noch in Afrika leben! Auch in Europa gab es vor etwa 1600 Jahren eine große Völkerwanderung – 200 Jahre lang zogen ganze Volksstämme quer über den Kontinent, die aus ihrer Heimat vertrieben wurden oder vor Kriegen flüchteten. Vielleicht hast du schon mal von Hunnen, Goten und Vandalen gehört – alles Völker, die damals in Bewegung waren! ✱

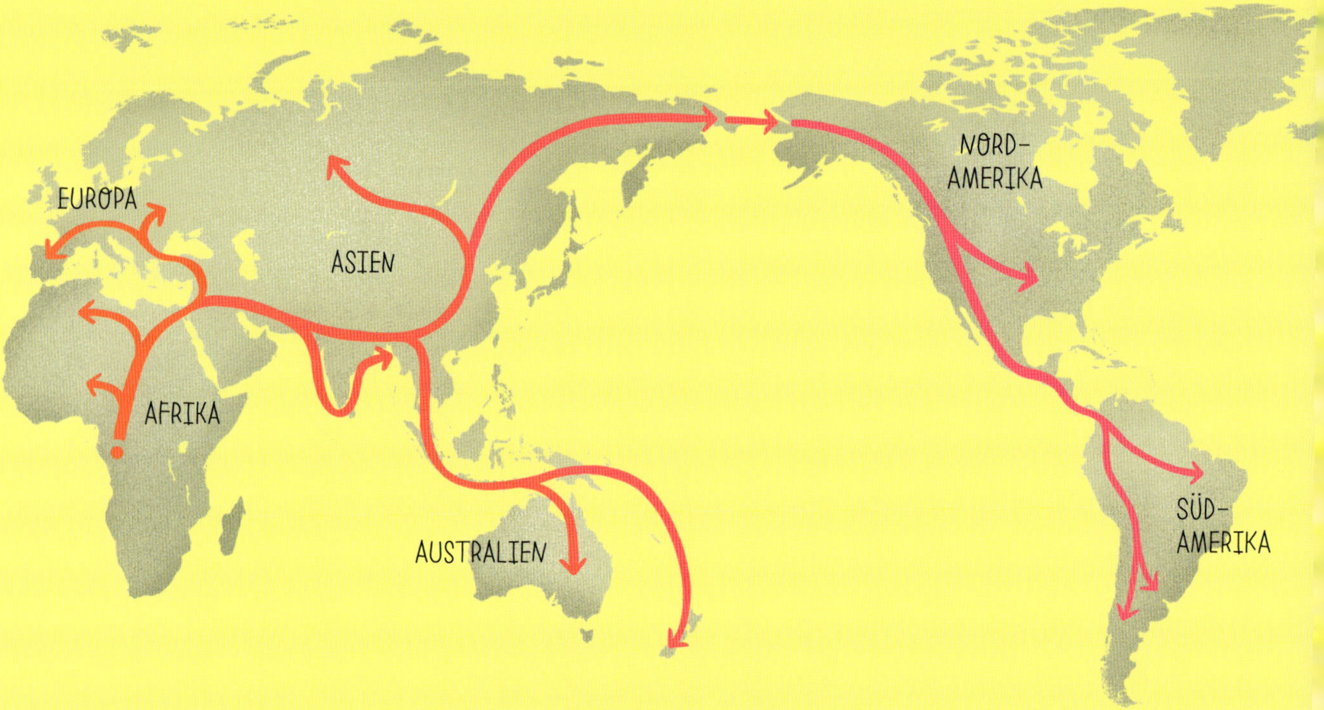

Wir alle kommen aus Afrika! Vor 100.000 Jahren begannen die Menschen sich von dort aus auf die anderen Kontinente auszubreiten.

RELIGION ALS FLUCHTGRUND

In späteren Jahrhunderten war Religion häufig ein Grund für Flucht und Vertreibung. Heute leben in den meisten Teilen Europas Menschen mit unterschiedlichem Glauben friedlich zusammen – aber früher haben sich die Kirchen bis aufs Messer bekämpft.

So wurde im Jahr 1685 der Protestantismus in Frankreich verboten, und Hunderttausende sogenannte Hugenotten flohen – viele heutige Deutsche, Österreicher und Schweizer mit französisch klingenden Namen stammen von ihnen ab.

Menschen, die keine Christen waren, hatten in Europa häufig große Probleme. Muslime und Juden wurden manchmal als Nachbarn geduldet, aber immer wieder gab es auch Angriffe auf sie, sodass sie die Flucht ergreifen mussten. Die Regierungen von Griechenland und der Türkei entschieden im Jahr 1923, dass Christen und Muslime besser nicht zusammenleben sollten – und so mussten die griechischen Muslime in die Türkei übersiedeln und die türkischen Christen nach Griechenland. Zwei Millionen Menschen waren davon betroffen.

Etwas Ähnliches passierte in Indien, als das Land 1947 unabhängig von Großbritannien wurde. Man trennte die Muslime von der Mehrheit der Hindus und schuf einen neuen Staat: Pakistan. Der bestand aus zwei Teilen, die nicht einmal miteinander verbunden waren (inzwischen sind es zwei unabhängige Länder, Pakistan und Bangladesch). Millionen Muslime zogen in diesen neu gegründeten Staat und die Hindus in die andere Richtung.

Auch die Verfolgung von Juden durch die Nazis in Deutschland (siehe Seite 28) hatte zumindest teilweise damit zu tun, dass sie eine andere Religion hatten als die meisten Deutschen.

DAS JAHRHUNDERT DER FLUCHT

Die letzten 100 Jahre waren diejenigen mit den meisten Fluchtereignissen. Deshalb hat ein Historiker diese Zeit einmal als das „Jahrhundert der Flucht" bezeichnet. Hier sind nur ein paar Beispiele:

1915–1923

Angriff auf Armenien

Eine Million Armenier, ein mehrheitlich christliches Volk im Kaukasus, floh zwischen 1915 und 1923, weil sie von ihren türkischen Nachbarn angegriffen wurden.

1917

Russische Revolution

In Russland gab es 1917 eine kommunistische Revolution. Nicht jeder war davon begeistert und die alte Oberschicht des Landes wurde auch brutal verfolgt. Viele flohen aus Russland in andere europäische Länder.

1945
Neuordnung Europas

Nachdem Deutschland den Zweiten Weltkrieg verloren hatte, wurden die Grenzen in Europa neu gezogen. Deutschland verlor große Gebiete im Osten an Polen und die Sowjetunion, und 15 Millionen Deutsche wurden aus Ostpreußen, Schlesien und dem Sudetenland vertrieben. Sie siedelten sich vor allem in Westdeutschland wieder an. Aber etwa zwei Millionen Menschen starben auch auf der Flucht.

1933–1945
Nazizeit und Zweiter Weltkrieg

Sicherlich hast du davon gehört, dass es ein sehr düsteres Kapitel der deutschen Geschichte gibt: In der Zeit des Nationalsozialismus von 1933 bis 1945 wurden Millionen von Juden umgebracht, weil sie von den Nazis als minderwertig bezeichnet wurden. Vielen von ihnen gelang es, ins Ausland zu fliehen.

Deutschland war nicht der einzige Teil der Welt, in dem es nach dem Zweiten Weltkrieg zu großen Fluchtbewegungen kam. Der Krieg tobte ja auch in Asien und anderen Teilen der Welt. Insgesamt schätzen Experten, dass bis zu 165 Millionen Menschen in diesem Krieg oder danach heimatlos wurden.

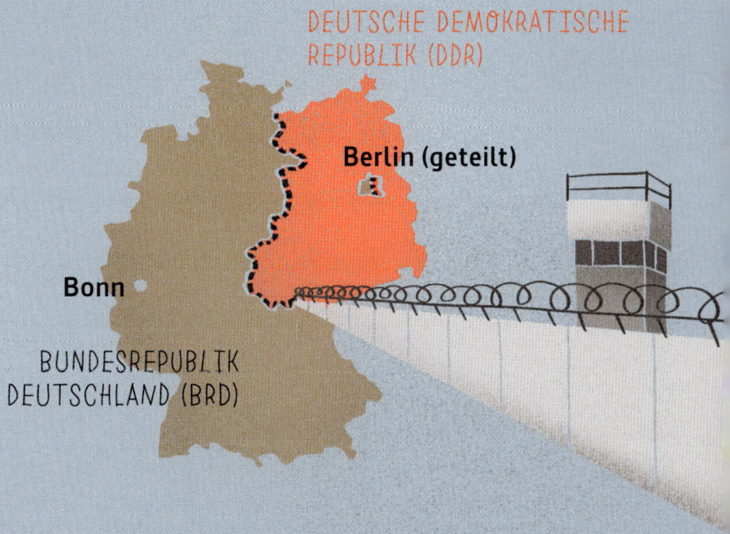

1948
Gründung des Staats Israel

Viele Juden, die aus Deutschland, aber auch aus Russland geflüchtet waren, suchten nach dem Krieg eine neue Heimat. Und so wurde 1948 der Staat Israel gegründet. Aber dieses Staatsgebiet war vorher nicht leer – dort lebten die Palästinenser, von denen nun eine Million aus dem neuen Staat fliehen mussten.

1961–1989
Geteiltes Deutschland

Deutschland wurde in zwei Teile geteilt, im Westen die Bundesrepublik und im Osten die DDR (Deutsche Demokratische Republik). Die ließ ihre Bürgerinnen und Bürger nicht frei reisen und auch nicht frei ihre Meinung sagen. Über 500.000 von ihnen entschlossen sich deshalb, in den Westen zu fliehen.

Flucht ist also nichts Neues. Kriege, Naturkatastrophen, religiöse Konflikte und brutale Unterdrückung haben die Menschen seit jeher dazu gezwungen, ihre Heimat zu verlassen. Und leider wird sich das in der Zukunft wohl kaum ändern.

KINDER AUF DER FLUCHT

»⟶ Eine Flucht ist keine Luxusreise. In den seltensten Fällen kann man einfach ein Ticket in ein anderes Land kaufen, sich in den Zug oder ins Flugzeug setzen und am Zielort wieder aussteigen. Geflüchtete sind oft zu Fuß unterwegs, oder sie überqueren das Meer in nicht sehr seetüchtigen Schiffen und Booten. Zwischendurch campieren sie oft unter sehr schmutzigen Bedingungen, es gibt nicht genug zu essen, Krankheiten breiten sich aus.

Auf ihrer Flucht müssen die Menschen meistens mehrere Grenzen überqueren. Europäische Länder oder auch die USA überwachen ihre Grenzen ziemlich streng. Dann sammeln sich dort viele Menschen: etwa im französischen Calais, von wo Geflüchtete durch den Eurotunnel nach Großbritannien weiterreisen wollten. Oder in Weißrussland, an der Grenze zu Polen, das zur Europäischen Union gehört. Dort sind die Bedingungen noch viel schlechter als in richtigen Flüchtlingscamps.

»⟶ Überall, wo es schwierig ist, Grenzen oder auch das Meer zu überqueren, wittern die sogenannten Schlepper oder Schleuser ein Geschäft: Sie versprechen, die Menschen auf die andere Seite zu bringen, und kassieren dafür eine Menge Geld. Oft halten die Schlepper ihr Versprechen, manchmal aber auch nicht. Dann pferchen sie viele Menschen in alten Booten zusammen oder verstecken sie in Lastwagen, wo sie kaum atmen können. Dabei sind schon Tausende von Geflüchteten ums Leben gekommen.

»⟶ Für ein Kind ist das Leben als Geflüchteter eine besonders schlimme Erfahrung. Ihre Eltern haben die schwere Entscheidung, die Heimat zu verlassen, für sie getroffen. Die Kinder sind häufig zu klein, um zu verstehen, warum sie plötzlich losziehen müssen. Sie erleben oft grausame Dinge, die ihnen niemand erklärt. Diese Erfahrungen können schwere seelische Wunden hinterlassen. Zum Beispiel träumen viele von ihnen noch nach Jahren von den Erlebnissen auf der Flucht.

Die Vereinten Nationen (UN) haben eine Kinderrechtskonvention beschlossen, eine Vereinbarung über all das, was Kindern zusteht. Darin gibt es einen eigenen Abschnitt zu geflüchteten Kindern: Die UN-Mitgliedsstaaten, dazu gehören auch Deutschland, Österreich und die Schweiz, sind verpflichtet, diese Kinder zu beschützen und ihnen zum Beispiel bei der Suche nach Eltern oder anderen Verwandten zu helfen.

»⟶ Was manche Kinder auf der Flucht erlebt haben, erzählen wir auf den nächsten Seiten. Die Erlebnisse haben wir bei Hilfsorganisationen und in Zeitungsartikeln gefunden (siehe Seite 104). ✱

AMENA
aus Syrien

»⟶ Die fünfjährige Amena aus Syrien leidet unter Asthma, und ihr Herz ist auch nicht gesund. Als der Bürgerkrieg in ihrem Heimatland schlimmer wurde, war es immer schwieriger, sie medizinisch zu versorgen. Da beschloss ihr Vater, mit Amena und ihrem achtjährigen Bruder Samer das Land zu verlassen.

Auf dem Landweg floh die Familie zuerst in das nordafrikanische Land Libyen. Von dort wollten sie mit dem Boot auf die italienische Insel Sizilien übersetzen, die weniger als 500 Kilo-

ITALIEN
Sizilien
SY
LIBYEN

meter weit weg ist. Das klingt nach einer kurzen Entfernung – aber auf dieser Route sterben jedes Jahr viele Menschen.

»⟶ Die Schleuser – also die Geschäftemacher, die das Schiff stellten – versprachen Amenas Vater, dass die Familie mit höchstens 150 Menschen zusammen in einem stabilen Holzboot das Meer überqueren würde. Als sie zu dem Boot kamen, saßen schon mehr als doppelt so viele Passagiere darin. „Sie sagten, wir sollten an Bord gehen. Die Männer waren bewaffnet. Ich hatte schreckliche Angst um meine Kinder", erzählt Amenas Vater Fadi.

Auf der Überfahrt regnete es, das Meer schlug hohe Wellen und der Motor des klapprigen Boots ging kaputt. Die Schleuser flohen mit anderen Schiffen, die Geflüchteten trieben mit ihrem Boot hilflos im Meer. „Bitte bring uns zurück", flehte Samer. Zum Glück wurden sie von einem Rettungsschiff der Organisation Save the Children geortet. Amena wurde als eine der Ersten gerettet – sie konnte nicht mehr richtig atmen und wurde per Hubschrauber in ein italienisches Krankenhaus gebracht. Aber schon bald kam sie zu ihren Eltern zurück, inzwischen lebt sie in den Niederlanden.

»⟶ Nicht immer geht die Geschichte der geflüchteten Kinder so aus wie die von Amena und ihrer Familie. Jedes Jahr sterben etwa 1500 Menschen bei dem Versuch, in überfüllten Booten das Mittelmeer zu überqueren.

NYABOTH
aus Südsudan

»⟶ Südsudan ist eines der jüngsten Länder der Erde, der Staat wurde erst 2011 gegründet. Aber schon zwei Jahre später brach dort ein Bürgerkrieg aus.

Die neunjährige Nyaboth erinnert sich, dass sie in der Schule Gewehrschüsse hörte. Soldaten überfielen die Schule und sie versteckte sich drei Tage lang, bis ihre Eltern sie abholten. Zwei Tage lang schien alles ruhig zu sein – aber dann hörten sie wieder Schüsse und die Familie beschloss aufzubrechen. Nun lebt Nyaboth im Flüchtlingslager Pugnido in Äthiopien. Ihre Zwillingsschwester ist auch dort.

»⟶ Nyaboth trägt zerrissene Kleider, die ihr viel zu groß sind. Sie denkt wehmütig an das schöne schwarz-weiße Kleid zurück, das sie zu Hause hatte und in dem sie sich immer so glücklich fühlte. „Ich hätte gern Geld, um mir Kleidung zu kaufen", sagt sie, „damit ich hübsch aussehe."

Nyaboth träumt davon, einmal Lehrerin zu werden. ✱

SEVA

aus der Ukraine

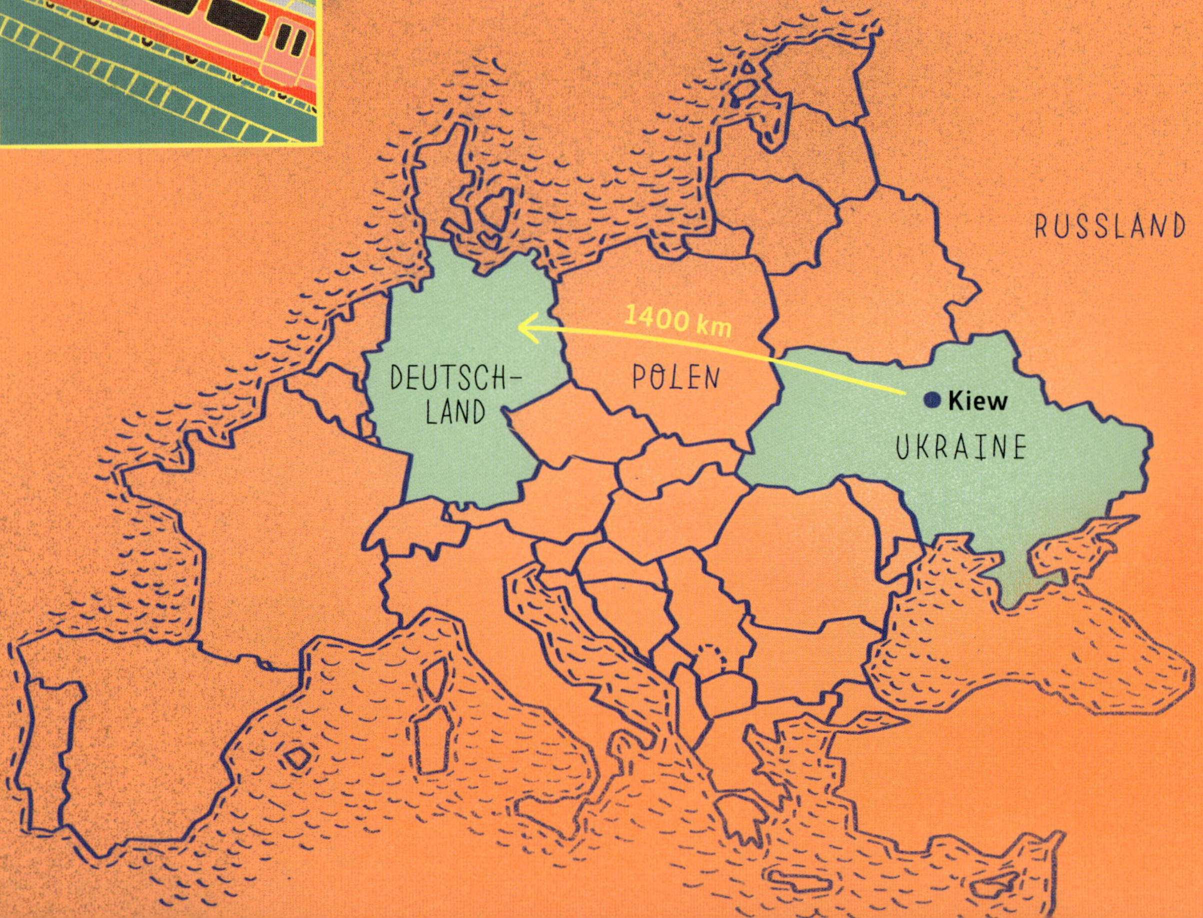

Der zehnjährige Seva lebte mit seiner Mutter und seiner Oma in einem 16-stöckigen Hochhaus in Kiew, der ukrainischen Hauptstadt. Als Russland die Ukraine überfiel, wurde auch Kiew angegriffen. Wenn die Sirenen aufheulten, ging die Familie zur Sicherheit in den Keller. Schließlich zogen sie zusammen mit anderen Menschen aus dem Haus ganz in den Keller. Nach drei Tagen und Nächten beschlossen sie, die Stadt und auch das Land zu verlassen, um sich in Sicherheit zu bringen. Mit dem Zug fuhren sie nach Deutschland.

Hier wurden sie von einer russischen Familie aufgenommen, die auch eine zehnjährige Tochter hat, Anastasia. So hat Seva jemanden, mit dem er sich auf Russisch unterhalten kann. Die meisten Ukrainer sprechen nämlich Russisch. Seva kann noch kein Deutsch, nur ein bisschen Englisch.

Sevas neue russische Freundin hilft ihm dabei, in der ungewohnten Umgebung zurechtzukommen. Dass ihre Heimatländer Krieg gegeneinander führen, finden die beiden Kinder ganz schrecklich.

NAJIBULLAH

aus Afghanistan

In Afghanistan herrschte von 2002 bis 2021 Krieg. Westliche Länder kämpften gegen die Taliban, die vorher das Land regiert hatten. Die Taliban wollen, dass die Menschen streng nach ihrer Vorstellung von den muslimischen Gesetzen leben. Zum Beispiel verbieten sie vielen Mädchen, in die Schule oder zur Universität zu gehen.

Najibullah war 13, als vermummte Männer in sein Dorf kamen und einen seiner Freunde mitnahmen. Wahrscheinlich sollte er für die Taliban kämpfen. Sie sagten zu seinen Eltern: „Euer Sohn ist als Nächstes dran." Die Eltern wollten das verhindern und bezahlten jemanden, um ihren Sohn aus dem Land zu bringen. Der Junge machte sich ganz allein auf den Weg.

Najibullah erinnert sich nicht mehr, wie lange die Reise dauerte. Mal in einem Boot, dann wieder zu Fuß in den Bergen im Schnee. Zwei oder drei Monate campierten sie im Freien in der französischen Hafenstadt Calais. „Es war so kalt. Ich glaube, ich habe in keiner Nacht mehr als eine Stunde geschlafen", erinnert sich Najibullah.

Und dann sagte ein Mann zu ihm: „Steig in den Lastwagen. Das ist der letzte Teil deiner Reise." So kam Najibullah nach England. Dort konnte er in die Schule gehen, bekam eine persönliche Betreuung. Inzwischen studiert er.

Mit seiner Familie hat er nur noch ein einziges Mal sprechen können. Er sagte seiner Mutter am Telefon, dass er in Sicherheit sei. Danach hat die Nummer nicht mehr funktioniert.

SHAMSHIDAH

aus Myanmar

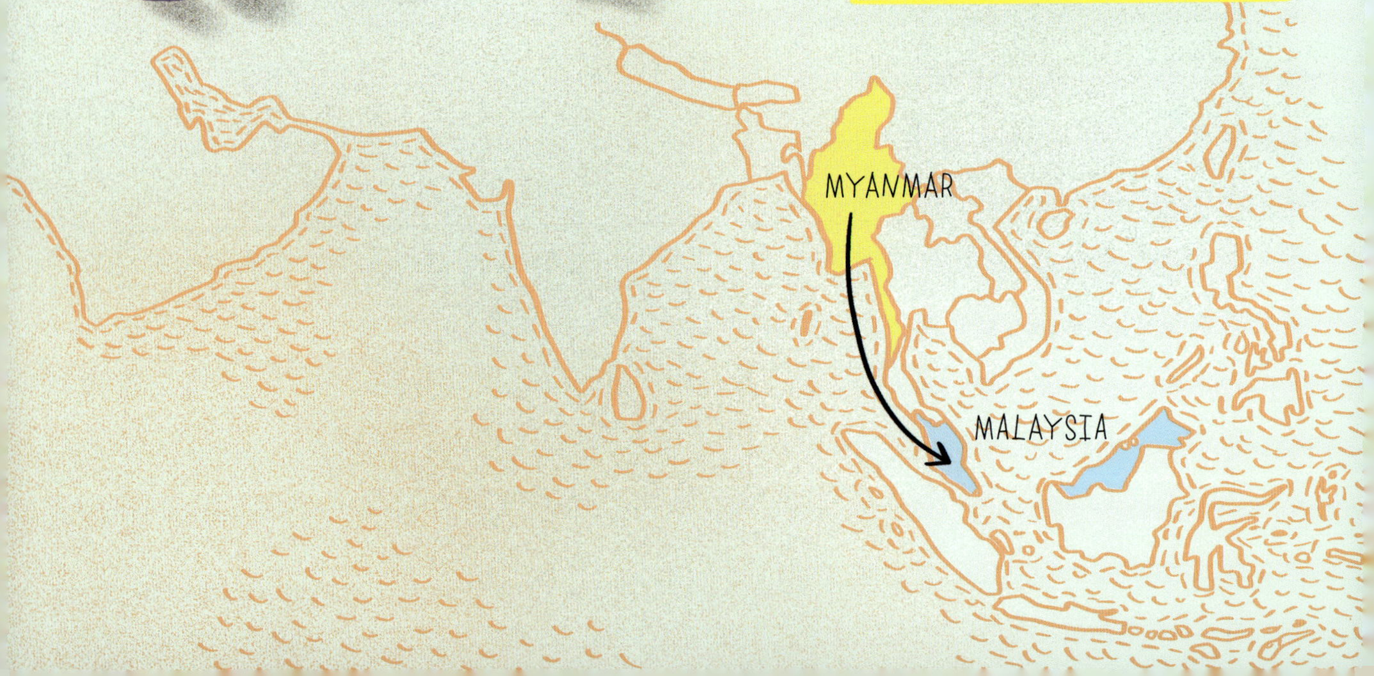

Die 14-jährige Shamshidah gehört zur Volksgruppe der Rohingya. Die sind eine muslimische Minderheit in dem asiatischen Land Myanmar, dessen Bevölkerung zum größten Teil aus Buddhisten besteht. In den letzten zehn Jahren kam es immer wieder zu Angriffen auf die Rohingya, und viele von ihnen flohen aus dem Land, weil sie Angst um ihr Leben hatten. Auch Shamshidah musste mit ihrer Familie flüchten.

In Malaysia, wo Shamshidah jetzt lebt, dürfen Geflüchtete nicht auf die staatlichen Schulen gehen. Deshalb haben Hilfsorganisationen und die Geflüchteten selbst ein Netz von 120 Schulen aufgebaut, mit Lehrerinnen und Lehrern, die ihre Arbeit freiwillig und ohne Bezahlung machen. Fast 40 Prozent der geflüchteten Kinder gehen dorthin.

Shamshidah hatte ihren ersten Schultag mit 14 Jahren! Deshalb musste sie in der ersten Klasse anfangen, zusammen mit viel kleineren Kindern. Aber das ist ihr egal. Sie hofft darauf, dass sie irgendwann einmal eine weiterführende Schule besuchen kann. Sie möchte lernen, mit Computern umzugehen.

Schon jetzt hat Shamshidah mehr in der Schule gelernt als ihre Mutter in ihrem ganzen Leben. Sie hat auch Freunde, die nicht zur Schule gehen können, sondern auf dem Markt arbeiten müssen. Diese Kinder tun Shamshidah leid. „Mich macht Lernen glücklich", sagt sie.

IBRAHIM

aus Nigeria

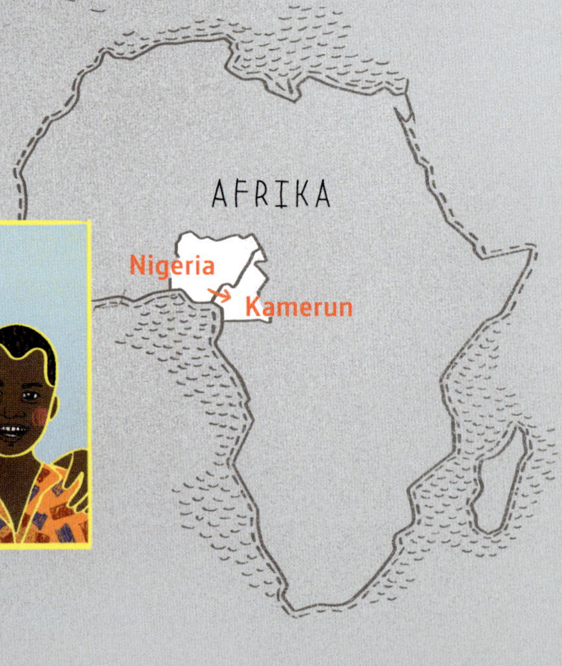

»—› Die Terrorgruppe Boko Haram will aus dem westafrikanischen Land Nigeria einen islamistischen Staat machen. Eines Tages überfielen Terroristen das Dorf, in dem der zehnjährige Ibrahim mit seiner Familie lebte. Seine Mutter und seine Schwester rannten in die eine Richtung davon, sein Vater und er in die andere. Er hörte Schüsse. „Mein Vater sagte, ich solle rennen. Als sie uns sahen, schossen sie auf ihn und er fiel hin. Sie töteten meinen Vater. Ich weinte und sie zogen ihre Macheten und schlugen mir auf den Kopf." Ibrahim wurde ohnmächtig. Die Terroristen begruben ihn, weil sie dachten, er wäre tot.

»—› Zwei Tage später fand ihn seine Schwester Larama. Sie grub ihn aus und trug ihn auf dem Rücken nach Hause. Die Familie floh in ein Flüchtlingslager im benachbarten Kamerun. Vier Monate war Ibrahim im Krankenhaus. Er humpelt noch und sein linker Arm ist gelähmt. Aber er geht in die Schule und spielt Fußball mit anderen Kindern. „Und ich habe einen besten Freund", erzählt Ibrahim.

Seine Mutter ist noch einmal in ihr Heimatdorf zurückgegangen – die Angreifer hatten alle Häuser niedergebrannt und ihre sieben Kühe und dreizehn Ziegen gestohlen. Die Mutter glaubt nicht, dass die Familie jemals nach Nigeria zurückkehren kann. „Mein Zuhause ist jetzt das Flüchtlingslager", sagt sie. *

ANAS, ABDELHAMID, MOHAMED UND MAHMOUD

aus Syrien

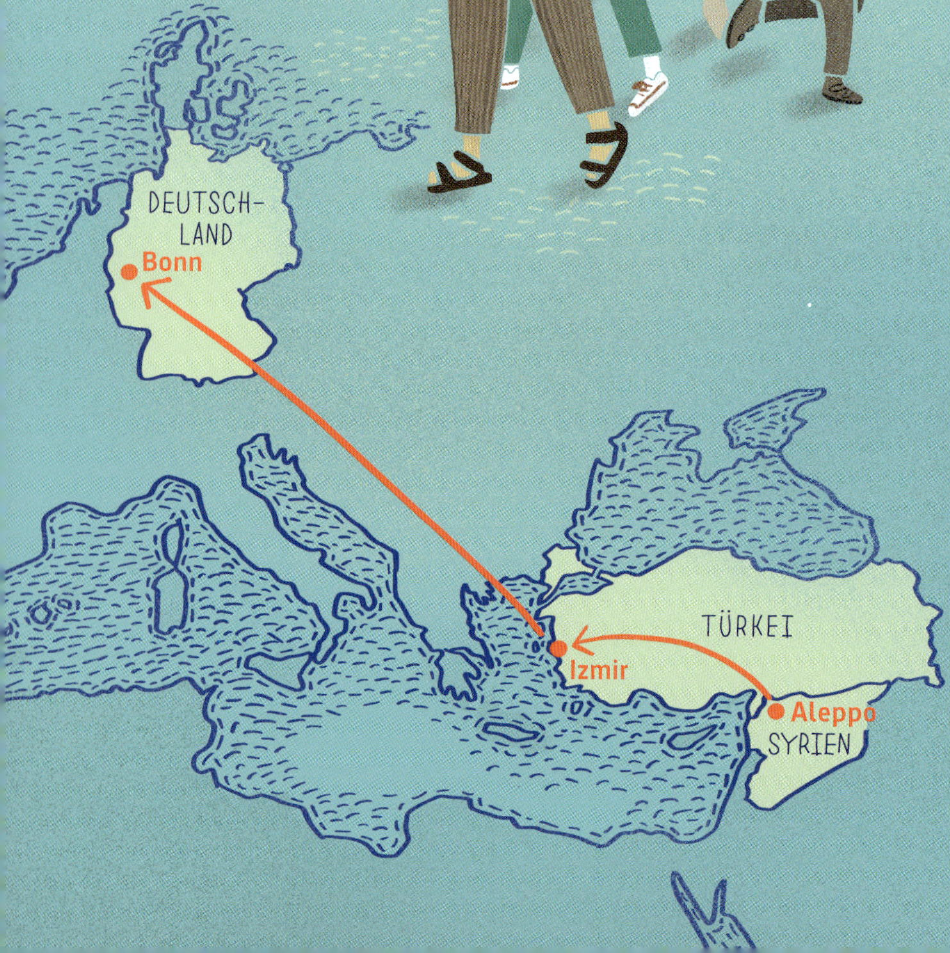

»→ Die vier Cousins, zwischen sieben und neun Jahren alt, gehören zu den jüngsten allein reisenden geflüchteten Kindern, die in Deutschland aufgenommen wurden. Sie sind Teil einer großen, etwa 30-köpfigen Familie, die vor dem Bürgerkrieg in Syrien zunächst in die Türkei geflohen ist. Aber dort lebten sie unter sehr schlechten Bedingungen zusammen in einer kleinen Wohnung und die Jungen konnten nicht zur Schule gehen.

Deshalb fassten ihre Eltern einen schweren Entschluss: Die vier sollten ohne erwachsene Begleitung zusammen nach Deutschland gehen. Eine Verwandte lebte schon seit drei Jahren dort. In einer Gruppe mit anderen Syrern, von denen sie niemanden kannten, setzten die Kinder zuerst mit einem Schlauchboot nach Griechenland über. Dann mussten sie eine lange Strecke laufen, fuhren eine Weile mit einem Auto, dann wieder zu Fuß durch die Wälder Serbiens. Mit dem Zug kamen sie schließlich in Deutschland an. Sie leben heute in Bonn.

»→ Schon nach ein paar Tagen konnten sie in eine deutsche Schule gehen, sie finden Deutschland „sehr sauber und schön", sagt Mohamed. Und wenn sie mit anderen Kindern Fußball spielen, macht es nichts, dass sie noch nicht so gut Deutsch können. Aber Abdelhamid träumt davon, irgendwann nach Syrien zurückkehren zu können: „Jeder darf dann wieder in seinem Dorf wohnen und dort in Frieden leben."

LEBEN IM FLÜCHTLINGSLAGER

»⟶ Die meisten Geflüchteten, die ihr Heimatland verlassen, landen zunächst einmal in einem Flüchtlingslager in einem Nachbarland. Menschen aus Myanmar gehen nach Bangladesch, Geflüchtete aus Südsudan finden Zuflucht in Uganda, Syrer gehen in die Türkei.

Solche Flüchtlingslager sehen manchmal aus wie ein riesiger Campingplatz, mit Tausenden von Zelten. Sie können aber auch aus festen Gebäuden bestehen. In Deutschland gibt es noch Einrichtungen aus der Zeit, als viele Menschen aus Osteuropa zu uns geflohen sind, heute werden dort Geflüchtete aus aller Welt aufgenommen.

»⟶ Oft kommen mehr Geflüchtete in einem solchen Lager an, als eigentlich Plätze da sind. Das war zum Beispiel im Flüchtlingslager Moria auf der griechischen Insel Lesbos so. „Hier ist alles gefährlich", erzählte der 14-jährige Rachid aus Afghanistan, der eine Zeit lang dort gelebt hat, „die Kälte, mein Schlafplatz, die Kämpfe. Wir schlafen mit 50 Menschen in einem großen Zelt. Es riecht echt schlecht, es gibt Ratten."

Die Menschen, die in solchen Lagern ankommen, haben schon zu Hause und auf der Flucht sehr schlimme Erfahrungen gemacht. Dann denken sie, dass sie endlich am Ziel angekommen sind – umso schlimmer ist es, wenn es dort so zugeht wie in Moria. Das Lager war für 2800 Menschen gebaut worden, zeitweise lebten aber 20.000 Geflüchtete dort, siebenmal so viele. Du kannst dir vorstellen, wie eng die Menschen aufeinander lebten und dass zum Beispiel die Toiletten nicht ausreichten.

Weil die Menschen nur kaltes, abgepacktes Essen bekamen, machten sie Feuer, um zu kochen, und immer wieder kam es zu Bränden. Im Herbst 2020 brannte dann das ganze Lager ab und die Menschen mussten auf andere Lager verteilt werden.

»—› In einem Flüchtlingslager sollen die Menschen eigentlich nur so lange leben, bis ein Wohnort für sie gefunden worden ist, an dem sie bleiben können. Die Menschen bekommen vom Staat oder von Hilfsorganisationen Essen, es gibt Ärzte, die sich um Kranke kümmern. Das Leben ist sehr einfach, aber es soll ja auch nur eine erste Aufnahmestation sein.

In vielen Ländern leben die Geflüchteten aber lange dort, teilweise für den Rest ihres Lebens. Aus den Übergangslagern sind dort richtige Städte geworden, mit Schulen für die Kinder und Arbeitsstätten für die Erwachsenen. Trotzdem ist das kein Zustand, der dauerhaft so bleiben sollte. Die meisten Geflüchteten möchten wie wir auch wohnen und arbeiten können, wo sie wollen.

»—› Die 14-jährige Maya aus Syrien zum Beispiel lebt im Camp Za'atari in Jordanien. Dort bekommt sie regelmäßigen Schulunterricht. Aber die Geflüchteten sind auch nach vielen Jahren noch keine Bürger ihres Gastlandes, sie haben nichts zu sagen, dürfen nicht wählen und sind ständig auf Hilfe von außen angewiesen. ✱

SYRIEN
Za’atari
JORDANIEN

UMSIEDLUNG IN EIN DRITTES LAND (RESETTLEMENT)

»⟶ Die Vereinten Nationen (UN) versuchen, wenigstens einige besonders hilfsbedürftige Geflüchtete direkt aus einem Lager in ein reiches Industrieland zu vermitteln, das sie aufnimmt. „Resettlement" nennt sich das.

Ein Beispiel dafür ist Mahmoud aus Syrien, der im Alter von acht Jahren mit seiner Familie aus Syrien nach Ägypten floh. Weil er dort immer von anderen Kindern schikaniert wurde, beschloss sein Vater, Mahmoud allein auf die Schiffsreise übers Mittelmeer zu schicken. Aber das ging schief: Das Schiff wurde beschossen, Mahmoud saß fünf Tage im Gefängnis und kam dann wieder zurück ins Lager, wo es ihm nicht besser ging als vorher.

Die UN Mitarbeiter sagten: Mahmoud hat so viel Schlimmes erlebt, dass wir versuchen, ihn und seine Familie in ein anderes Land zu bringen. Das hat tatsächlich geklappt – der Junge konnte mit seinen Eltern und seiner Schwester nach Schweden ausreisen.

»⟶ Die Resettlement-Geflüchteten müssen die weite Reise

nicht auf eigene Faust machen, und sie müssen auch kein kompliziertes Asylverfahren durchlaufen. Im Jahr 2021 konnten auf diese Weise 58.000 Menschen umgesiedelt werden, mehr als die Hälfte davon Kinder. Die meisten kamen in die USA, dann folgten Kanada, Deutschland und Schweden. Aber nach Ansicht der UN hätten 1,4 Millionen Menschen dringend einen solchen Platz benötigt. *

IM NEUEN LAND

»→ Endlich angekommen! Nach einer langen und schwierigen Flucht, auf der sie oft Schreckliches erlebt haben, erreichen die Geflüchteten Deutschland und werden erst einmal bei uns aufgenommen. Sie brauchen nicht mehr um ihr Leben zu fürchten, bekommen ein Dach über dem Kopf und genug zu essen. Alles gut, oder?

DIE ERSTE UNTERKUNFT

»→ Leider nicht sofort. Die Geflüchteten werden zunächst einmal in sogenannten Erstaufnahme-Einrichtungen untergebracht. Diese Unterkunft kann eine Turnhalle sein oder ein Containerdorf. Dort hat nicht jede Familie eine eigene Wohnung. Vielleicht müssen alle in einem Zimmer leben. Die Menschen dürfen nicht im Land herumreisen, eine Wohnung oder eine Arbeit suchen.

Und die Kinder können meist noch nicht regelmäßig die Schule besuchen. Es gibt wenig für sie zu tun – sie haben keinen Unterricht, es gibt kaum Spielsachen, sie können sich nicht zurückziehen. Sie teilen Toiletten und Duschen mit vielen anderen Menschen, oft ist es dort nicht besonders sauber. Flüchtlingsunterkünfte sind keine Orte, an denen Kinder lange bleiben sollten.

»→ Natürlich geht es nicht ohne diese Notunterkünfte, vor allem wenn ganz viele Geflüchtete auf einmal kommen. Die Menschen müssen registriert werden, damit das Aufnahmeland weiß, wer zu ihnen kommt, ihr Asylantrag (siehe Seite 60) wird bearbeitet, man muss eine richtige Wohnung für sie finden – das geht nicht von heute auf morgen. Aber gerade für Kinder ist es wichtig, dass diese Zeit möglichst kurz ist.

Eigentlich sollen Familien mit Kindern höchstens sechs Monate in diesen Unterkünften leben. Dann werden sie übers ganze Land verteilt. Aber auch dann haben sie nicht sofort eine eigene Wohnung – viele leben auch danach noch in Gemeinschaftsunterkünften mit anderen Geflüchteten zusammen. Aber immerhin haben sie dann schon ihren eigenen Bereich und können die Tür abschließen.

»→ Und selbst wenn der ganze Papierkram erledigt ist und sie eine Wohnung gefunden haben: Die Menschen müssen sich an eine ihnen fremde Kultur gewöhnen, die Sprache des Landes lernen, einen Job finden. Noch viele Jahre werden sie von anderen als Geflüchtete bezeichnet und nicht als Bürger ihres neuen Heimatlandes. Flucht ist keine Sache, die in ein paar Monaten erledigt ist – sie prägt die Menschen für viele Jahre.

SONDERFALL UKRAINE

»⟶ Wenn es Menschen schlecht geht, muss man ihnen helfen – egal welche Hautfarbe sie haben und welche Religion. Aber als im Frühjahr 2022 Geflüchtete aus der Ukraine bei uns Schutz suchten, wurden sie teilweise besser behandelt als Menschen aus anderen Ländern. Die Europäische Union entschied, dass sie nicht das normale Asylverfahren durchmachen müssen, sondern sich gleich eine Wohnung suchen und auch arbeiten können.

Das ist einerseits gut, weil diesen Menschen, die wegen eines schlimmen Kriegs ganz plötzlich ihre Heimat verlassen mussten, nun schnell und unkompliziert geholfen wird. Andererseits ist das für andere Geflüchtete wie aus Syrien oder Afghanistan schwer zu verstehen. Deshalb ist es wichtig, dass wir auf die Dauer allen verfolgten Menschen in gleicher Weise helfen. ✱

KINDER, DIE GANZ ALLEIN KOMMEN

»—› Dass Flucht für Kinder eine sehr schlimme Erfahrung ist, hast du in den letzten Kapiteln lesen können. Nun stell dir vor, du musst all dies durchmachen, ohne dass deine Eltern dabei sind oder eine andere Vertrauensperson! Jedes Jahr kommen in Deutschland etwa 2000 Kinder unter 18 Jahren ganz alleine an. Weil ihre Situation eine ganz besondere ist, werden sie auch ganz besonders behandelt. Deutschland hat sich in internationalen Verträgen verpflichtet, unbegleiteten minderjährigen Geflüchteten (so werden sie bezeichnet) besonders schnell zu helfen.

»—› Die Kinder und Jugendlichen werden in der ersten Woche untersucht – dabei wird geschaut, ob das Kind gesund ist oder Hilfe von einem Arzt braucht. Die Mitarbeiter prüfen auch, ob vielleicht woanders in Deutschland Verwandte des Kindes leben, zu denen es ziehen kann.

Dann kommt das Kind entweder in ein Jugendheim, in eine betreute Wohngruppe, oder es wird von einer Familie aufgenommen. Das alles soll nicht mehr als zwei Wochen dauern.

»⟶ Oft haben diese geflüchteten Kinder keine Ausweise dabei, mit denen sie nachweisen können, wie alt sie sind. Die Ämter befürchten daher, dass sich junge Erwachsene als Kinder ausgeben, um bevorzugt behandelt zu werden. Deshalb werden mit den jungen Geflüchteten manchmal medizinische Alterstests gemacht – zum Beispiel werden Röntgenbilder von den Händen aufgenommen, weil man daran ganz gut abschätzen kann, wie alt jemand ist. Die großen Hilfsorganisationen aber sagen: Hört auf damit, das ist eine unwürdige Art, Menschen zu behandeln!

WAS BEDEUTET ASYL?

Wenn wir in Urlaub fahren wollen, dann können wir praktisch in jedes Land der Erde reisen. Vielleicht denkst du deshalb, dass man sich auch seinen Wohnort überall auf der Welt aussuchen kann. Aber das ist nicht so. Deutsche zum Beispiel können sich zwar innerhalb der Europäischen Union frei hin und her bewegen, aber wenn sie etwa in die USA ziehen und dort leben wollen, brauchen sie dort eine Aufenthaltsgenehmigung und eine Arbeitserlaubnis, um Geld zu verdienen, und die sind schwer zu bekommen.

Auch Deutschland lässt nicht jeden ins Land. Zwar wird in besonders schlimmen Situationen erst einmal jeder und jede aufgenommen. Aber um dauerhaft bleiben zu können, müssen Geflüchtete einen komplizierten Prozess durchlaufen. Im deutschen Grundgesetz gibt es den Paragrafen 16, der lautet:

„Politisch Verfolgte genießen Asylrecht."

Das heißt: Deutschland verpflichtet sich, Geflüchtete aufzunehmen, die von ihrem Heimatstaat verfolgt werden, weil sie zum Beispiel eine unbequeme politische Meinung haben. Die Geflüchteten müssen einen Antrag stellen, wenn sie nach Deutschland kommen, und es dauert viele Monate, manchmal Jahre, bis darüber entschieden wird.

Für Geflüchtete, die wegen des Klimas fliehen oder aus wirtschaftlichen Gründen, gilt dieses Asylrecht nicht. Viele von ihnen dürfen deshalb nicht bei uns bleiben, sondern werden wieder nach Hause geschickt. ✱

ABSCHIEBUNG

»→ Wenn der Asylantrag eines Geflüchteten abgelehnt wird, dann heißt das noch nicht, dass er oder sie Deutschland schnell wieder verlassen muss. Viele werden „geduldet", etwa weil die Situation in ihrem Land immer noch schlimm ist oder weil sie gerade eine Berufsausbildung machen. In Deutschland werden über 80 Prozent der abgelehnten Asylbewerber geduldet.

Der Rest muss tatsächlich befürchten, abgeschoben zu werden. Das heißt: Die Menschen müssen zurück in ihre Heimat. Manchmal bekommen sie von unserem Staat eine Art Starthilfe – also Geld, um zu Hause ein neues Leben zu beginnen. Etwa 12.000 Menschen wurden 2021 aus Deutschland abgeschoben. ✱

WIE VIELE MENSCHEN BEKOMMEN ASYL?

Nur eine Minderheit der Asylbewerber wird anerkannt, aber auch von den abgelehnten dürfen viele bleiben. Das passiert mit 100 Anträgen*, die gestellt werden:

23

Anerkannt

Der Geflüchtete wird anerkannt und darf bleiben. Nach drei Jahren wird seine Situation noch einmal beurteilt.

49

Schutz vor Abschiebung

Zwar wird der Asylantrag abgelehnt, aber die Geflüchtete kann bleiben, etwa weil sie schwer krank ist oder ihr Leben im Heimatland in Gefahr ist.

28

Abgelehnt

Viele dieser Geflüchteten müssen nach Hause zurückkehren, entweder freiwillig oder unfreiwillig.

Aber:

über 80 Prozent der Geflüchteten mit Abschiebebescheid werden geduldet, das heißt sie dürfen vorerst bleiben, haben aber keine langfristige Sicherheit.

*Ein großer Teil der Asylanträge wird nicht bei uns bearbeitet, sondern an das EU-Land weitergeleitet, in dem die Geflüchteten zuerst angekommen sind. Die haben wir hier weggelassen. (Beispiel: 2022)

WAS PASSIERT LANGFRISTIG?

»→ Wenn Geflüchtete endlich eine dauerhafte Aufenthaltsgenehmigung haben, dann könnten sie in dem Land, das sie aufgenommen hat, eigentlich ein ganz normales Leben führen. Aber wollen sie das? Und geht das so einfach? Man kann nicht einfach den Schalter umlegen und vom Syrer zum Deutschen werden oder von der Ukrainerin zur Österreicherin. Und manche wollen auch gar nicht für immer bleiben.

RÜCKKEHR INS HEIMATLAND

»→ Die meisten Geflüchteten haben ihre Heimat nicht ohne Not verlassen. Und deshalb würden viele auch gerne dorthin zurückkehren – wenn es möglich ist, dort wieder friedlich zu leben. Die meisten Geflüchteten aus der Ukraine zum Beispiel hoffen, dass der Krieg dort irgendwann zu Ende ist und sie beim Wiederaufbau des Landes helfen können.

Leider dauern die meisten Gründe für eine Flucht lange an, zum Beispiel kommen Bürgerkriege einfach nicht zur Ruhe oder das Land ist wie Syrien weitgehend zerstört.

Trotzdem kehren viele Geflüchtete zurück. Im Jahr 2021, sagt die UN, waren es 5,7 Millionen Menschen. Die meisten davon hatten allerdings als Binnenvertriebene Schutz in einem anderen Teil ihres Heimatlandes gesucht.

WENN GEFLÜCHTETE BEI UNS HEIMISCH WERDEN

»⟶ Und wie geht es mit denjenigen weiter, die bleiben? Viele von uns haben immer noch die Vorstellung, dass Geflüchtete sozusagen bei uns zu Besuch sind und wir ihnen vorübergehend unsere Hilfe anbieten.

Aber weiter vorne haben wir schon gezeigt: Der größte Teil der Menschen, die in unser Land kommen, wird nicht in ihr Heimatland zurückkehren. Weil die Situation dort nicht besser wird. Oder weil sie sich inzwischen so bei uns eingelebt haben, dass sie dauerhaft bleiben wollen.

»⟶ Als in den 60er-Jahren des letzten Jahrhunderts viele Arbeitskräfte aus Italien, Spanien oder der Türkei nach Deutschland kamen, weil wir ihnen Jobs angeboten haben, wurden sie „Gastarbeiter" genannt. In dem Wort steckt die Vorstellung, dass diese Menschen keine richtigen Deutschen, sondern nur bei uns zu Besuch sind.

Aber von den 14 Millionen Gastarbeitern, die in dieser Zeit nach Deutschland kamen, gingen nur 11 Millionen wieder nach Hause. Die anderen blieben hier und wurden mehr oder

Die neuen Nachbarn aus Italien oder der Türkei brachten Einflüsse nach Deutschland, die heute kaum noch wegzudenken sind. Zum Beispiel die Pizzeria, den Gemüseladen oder den Eiswagen.

weniger in das Leben in Deutschland integriert. Inzwischen hat ein Viertel der Einwohner Deutschlands eine „Migrationsgeschichte" – das heißt, dass sie selbst, ihr Vater oder ihre Mutter im Ausland geboren wurden.

INTEGRATION – WAS IST DAS?

Ein Mensch ist integriert in eine Gruppe, wenn er sich ihr zugehörig fühlt und auch von den Menschen aus der Gruppe gar nicht mehr als etwas Besonderes wahrgenommen wird.

Für die Geflüchteten heißt das: wenn sie ganz normal am Leben in Deutschland teilhaben und nicht mehr als Außenseiter gesehen werden. Wenn sie mit Deutschen Fußball spielen, mit ihnen beim Picknick im Park das Essen teilen und sich vielleicht sogar im Karneval verkleiden. Wenn sie nicht jeden Tag gefragt werden, woher sie kommen. Und auch nicht mehr ständig über die schrecklichen Erlebnisse der Flucht reden müssen.

»⟶ Die Integration beginnt eigentlich schon mit dem Tag der Ankunft in Deutschland. Am wichtigsten ist es, dass sich die Menschen nach all den schlimmen Erlebnissen zu Hause und auf der Flucht wieder sicher fühlen können und langsam wieder daran denken können, ein normales Leben zu führen: dass sie eine Wohnung für sich haben und nicht in einer großen Unterkunft mit vielen anderen leben. Dass die Erwachsenen eine Arbeit finden und die Kinder in die Schule gehen. Und dass sie die Sprache des Aufnahmelandes lernen, bei uns also Deutsch.

AM WICHTIGSTEN FÜR KINDER: EIN PLATZ IN DER SCHULE

»⟶ Du gehst vielleicht nicht gern jeden Tag in die Schule. Aber das Recht auf Bildung ist eines der wichtigsten Rechte von Kindern. Das steht in der Kinderrechtskonvention der Vereinten Nationen, die auch Deutschland, Österreich und die Schweiz unterschrieben haben. Und dieses Recht gilt vom ersten Tag an und ist sehr wichtig – viele Kinder haben ja schon in ihrer Heimat wegen der schlimmen Zustände keine richtige Schulausbildung bekommen.

Die Erfahrung zeigt: Wenn geflüchtete Kinder erst einmal in einer Schule sind, lernen sie sehr schnell die deutsche Sprache, viel schneller als ihre Eltern.

»⟶ Leider dauert es oft noch viel zu lange, bis die Kinder einen Platz in einer Schule bekommen. Wenn die Chancen auf Asyl groß sind, etwa bei Geflüchteten aus Syrien, geht es meist schneller, als wenn die Familie damit rechnen muss, Deutschland wieder verlassen zu müssen.

Und wenn sehr viele Geflüchtete auf einmal kommen, dann geht es häufig in den Schulen drunter und drüber. In Berlin

Beim Deutsch lernen hilft heute auch das Handy oder Tablet.

gab es zum Beispiel 2015, als viele Menschen aus Syrien nach Deutschland kamen, Tausende von Kindern, für die ein Platz in der Schule gesucht wurde. Die meisten konnte man nicht einfach in einer Klasse mit deutschen Kindern unterrichten – es wurden sogenannte „Willkommensklassen" eingerichtet, in denen sie erst einmal ein bisschen Deutsch lernen. Aber dafür brauchte man viele neue Lehrerinnen und Lehrer. Die kosten nicht nur Geld – die muss man überhaupt erst mal finden!

Zwar lernen Kinder sehr schnell eine neue Sprache, aber der Start in der Schule ist für die Geflüchteten nicht einfach. Die Kinder haben oft sehr grausame Dinge erlebt, und sie brauchen Hilfe dabei, diese Erfahrungen zu verarbeiten.

Etwa ein Drittel der geflüchteten Kinder aus Syrien leidet unter einer psychischen Störung: Sie schlafen schlecht, bekommen immer wieder Angst. Denen sollte man nicht ständig sagen: „Lern erst mal Deutsch!" Ganz wichtig ist es, ihnen ein Gefühl der Sicherheit zu geben und dafür zu sorgen, dass sie sich wohlfühlen. Wer Angst hat, kann nicht gut lernen.

TIPPS FÜR DEN UMGANG MIT DEN NEUEN MITSCHÜLERN

Bist du schon mal mit deinen Eltern in eine neue Stadt gezogen? Oder hast du die Schule gewechselt und kanntest dort niemanden? So ähnlich geht es den geflüchteten Kindern – dazu kommt noch, dass sie am Anfang wenig Deutsch sprechen und überhaupt die ganze Umgebung für sie fremd ist.

Wenn deine Lehrerin eines Tages ein neues Kind vorstellt mit den Worten: „Das ist Mohammed aus Syrien, er lernt ab heute mit uns", dann weißt du vielleicht erst mal gar nicht, wie du mit dem neuen Mitschüler umgehen sollst. Soll man ihn nach seinen Fluchterlebnissen fragen? Vielleicht besser nicht. Hier sind ein paar Tipps, wie man auf die Kinder zugehen kann.

Am einfachsten: Spielen

Ihr macht sicherlich auf dem Schulhof allerlei Spiele – Verstecken, Fangen, Ballspiele. Da kann schnell jeder und jede mitmachen, ohne viel von der Sprache zu verstehen. Aber vielleicht ladet ihr die neuen Kinder nicht nur ein, eure Spiele mitzuspielen, sondern lasst euch von ihnen zeigen, was sie zu Hause gespielt haben? Das bringt auch Abwechslung in euren Schulalltag.

Thema Schule

Das ist wohl in der Schule das Thema, auf das man als Erstes kommt: Wie war die Schule in deinem Heimatland? Du wirst dich wundern, wie unterschiedlich eine Schule aussehen kann. Zum Beispiel gibt es manchmal keine Klassen, weil die Schule zu klein ist und alle zusammen unterrichtet werden. Auch der Weg zur Schule ist in anderen Ländern ganz anders.

Unbekanntes Essen

Habt ihr eine Cafeteria oder Mensa in der Schule? Möglicherweise fällt dir auf, dass die geflüchteten Kinder erst mal sehr vorsichtig an unser Essen rangehen, weil es ungewohnt für sie ist. Sprich sie ruhig darauf an und frag sie, was sie denn in ihrer Heimat gegessen haben. Vielleicht bringen sie ja sogar ein für dich fremdes Essen mit in die Schule und lassen dich mal probieren.

Musik ist international

Hast du Lieblingssänger oder Lieblingsbands? Spiel den neuen Kindern die Musik vor, die du magst. Gefällt ihnen das? Popmusik ist ja international und wird in vielen Ländern gehört. Die Kinder können euch aber auch Musik aus ihrer Heimat vorspielen, die ganz fremd für dich klingt. Und wenn man sich zusammen zu Musik bewegt oder zusammen musiziert, muss man auch nicht viel reden.

Komm zu mir nach Hause!

Wenn du dich mit einem geflüchteten Kind angefreundet hast, möchtest du den Jungen oder das Mädchen vielleicht einmal zu dir nach Hause einladen. Ihnen dein Zimmer zeigen und deine Spielsachen. Denk dran, dass die Kinder selbst im Moment nicht viel haben. Umgekehrt lädt dich das syrische Mädchen ins Flüchtlingsheim oder ihre Wohnung ein. Das ist im Prinzip eine tolle Idee, du kannst dann mit eigenen Augen sehen, wie Geflüchtete leben. In jedem Fall solltest du deine Eltern einschalten. Die können mit den Eltern des Kindes reden. In manchen Flüchtlingsunterkünften muss man auch den Besuch vorher anmelden.

EINWANDERUNGSLAND DEUTSCHLAND

Eigentlich hat Deutschland in den letzten Jahren die Herausforderung durch die vielen Geflüchteten ganz gut bewältigt – wenn man nur auf die Zahlen schaut: Die Kinder haben alle einen Platz in der Schule gefunden, und etwa die Hälfte der Erwachsenen hat einen Arbeitsplatz bekommen.

Aber solche Zahlen sind nicht alles. Spielen die geflüchteten Kinder ganz normal mit denen, die schon vorher hier waren? Haben sich die Erwachsenen mit ihren neuen Nachbarn angefreundet? Daran entscheidet sich, ob Integration gelingt.

Natürlich ist es wichtig, dass die Geflüchteten Deutsch lernen, weil das die Umgangssprache bei uns ist. Aber müssen sie sich komplett an unsere Kultur anpassen? Muss der Geflüchtete aus Syrien auf dem Volksfest Lederhosen tragen?

Früher sahen die Deutschen für Außenstehende alle ziemlich gleich aus: helle Haut, oft blonde Haare, blaue Augen. Nun aber leben hier Menschen aller Haut- und Haarfarben, die Namen sind manchmal schwer auszusprechen. Die Integration von Geflüchteten verändert nicht nur diese Menschen, sondern auch das Land, in dem sie leben!

STIMMT DAS WIRKLICH?

Es gibt eine Menge Vorurteile gegen Geflüchtete. So nennt man es, wenn man eine bestimmte Meinung einfach übernimmt, ohne dass man sie überprüft hat. Wir haben uns einige davon vorgenommen und den Realitätscheck gemacht.

„Wir können doch nicht die Probleme der ganzen Welt lösen!"

Manche glauben, dass alle Geflüchteten zu uns ins reiche Europa kommen wollen. Aber so viele haben wir gar nicht aufgenommen: Vor dem Krieg in der Ukraine, der ja ein europäischer ist, hatten auf unserem Kontinent drei Millionen Geflüchtete Schutz gefunden. Allein in der Türkei leben aber 3,7 Millionen. Die meisten Geflüchteten bleiben nämlich in ihrem Heimatland oder gehen über die Grenze in ein Nachbarland. Insgesamt leben 85 Prozent der Geflüchteten im Globalen Süden.

„Das sind doch alles Wirtschaftsflüchtlinge!"

»→ Im Moment kommen die meisten Geflüchteten aus der Ukraine, wo Krieg herrscht. Davor stammten zwei Drittel aus fünf Ländern: Syrien, Venezuela, Afghanistan, dem Südsudan und Myanmar – alles Länder, in denen entweder brutal gekämpft wird oder die Menschen von der Regierung verfolgt werden, weil sie eine andere Meinung haben. All diese Geflüchteten wären bestimmt lieber zu Hause geblieben, wenn ihr Leben nicht bedroht gewesen wäre.

Aber auch die sogenannten Klima- und Wirtschafts„flüchtlinge" machen sich nicht „einfach so" auf den beschwerlichen Weg in eine unsichere Zukunft. Sie haben in ihrer Heimat einfach keine Möglichkeit mehr gesehen, ein menschenwürdiges Leben zu führen. Und oft sind die Industrieländer, zu denen Deutschland, Österreich und die Schweiz gehören, mitverantwortlich für die schlechte Lage in diesen Ländern. Zum Beispiel, weil wir mit unserer Lebensweise sehr viele Treibhausgase ausgestoßen haben, die zum Klimawandel beitragen, und Dürren und Überschwemmungen dadurch häufiger werden. ✱

„Wenn die alle zu uns kommen, geht es ihren Heimatländern noch schlechter!“

Den Heimatländern, aus denen die meisten Geflüchteten kommen, geht es schon sehr schlecht. In Syrien kann man zum Beispiel im Moment gar nicht an den Wiederaufbau des Landes denken, weil dort immer noch Kämpfe toben. Und wer Angst um sein Leben haben muss, der hat ein Recht darauf, bei uns aufgenommen zu werden.

Ein großer Teil der Geflüchteten will sich auch gar nicht dauerhaft in Deutschland niederlassen. Viele warten darauf, dass es in ihrem Heimatland wieder besser ist, und wollen dann zurückkehren, zum Beispiel fast alle Ukrainer, aber auch mehr als die Hälfte der Syrer. Und nur wer lebt und gesund ist, kann später in der Heimat beim Wiederaufbau helfen.

„Die Flüchtlinge bekommen mehr Unterstützung als arme Deutsche!“

Immer wieder liest man, dass die Geflüchteten unheimlich viel Geld vom deutschen Staat bekämen. Mehr als Deutsche, denen es schlecht geht. Aber das stimmt nicht. Solange sie noch in einer Flüchtlingsunterkunft leben, bekommen sie das meiste als „Sachleistungen" – das heißt, sie bekommen Essen, Seife, Shampoo und so etwas direkt und müssen es nicht kaufen. Zusätzlich kriegen sie ein Taschengeld von 153 Euro im Monat.

Wenn sie dann ihre eigene Wohnung haben und noch auf ihre Anerkennung warten, bekommen Geflüchtete ohne Familie höchstens 351 Euro im Monat. Nach 15 Monaten erhalten Geflüchtete genauso viel Unterstützung wie deutsche Sozialhilfeempfänger, nämlich 502 Euro. Aber nicht mehr.

Und natürlich ist die Hoffnung, dass die Geflüchteten irgendwann eine Arbeit finden und keine Unterstützung vom Staat mehr brauchen. Das ist nach fünf Jahren auch bei den meisten so. Dann zahlen sie Steuern und bringen damit sogar Geld in die Staatskasse.

„Flüchtlinge nehmen Deutschen die Wohnungen weg!"

Es stimmt, dass in Deutschland, vor allem in den großen Städten, bezahlbare Wohnungen fehlen. Viele Menschen, die nicht viel verdienen, können sich eine Wohnung in München oder Hamburg nicht leisten. Das war aber auch schon so, bevor die Geflüchteten kamen. Natürlich gibt es jetzt mehr Bewerber für die preiswerten Wohnungen. Aber Geflüchtete haben immer noch schlechtere Chancen als deutsche Staatsbürger, eine solche Wohnung zu ergattern.

Übrigens ist für den Staat die Unterbringung eines Geflüchteten in einer Massenunterkunft teurer, als wenn die Menschen eine eigene Wohnung finden. Deshalb sollten die Regierungen von Städten und Bundesländern daran interessiert sein, dass neuer preiswerter Wohnraum geschaffen wird – für Deutsche mit wenig Geld genauso wie für Geflüchtete.

„Flüchtlinge sind ungebildet und nicht für die Jobs in Deutschland geeignet!"

Die deutsche Gesellschaft ist „überaltert" – das heißt, es gibt weniger junge Leute als alte, und die jungen müssen für die Renten der alten sorgen, die nicht mehr arbeiten. Deshalb sollten wir uns eigentlich freuen, wenn Geflüchtete in unser Land kommen. Denn unter denen sind viele junge Leute.

In Deutschland fehlen auch Fachkräfte – also Menschen, die einen bestimmten Beruf gelernt haben. Viele Geflüchtete haben einen guten Schulabschluss oder haben sogar studiert. Sobald sie Deutsch gelernt haben, finden viele von ihnen auch Arbeit. Deshalb sind Sprachkurse für Geflüchtete so wichtig. Oft wollen sie auch sofort arbeiten, dürfen es aber nicht, weil sie noch keine Erlaubnis haben.

Geflüchtete arbeiten oft in Jobs, die Deutsche gar nicht machen wollen, etwa in der Landwirtschaft. Wissenschaftliche Studien sagen: Auf die Dauer profitiert Deutschland von Geflüchteten, die gut bei uns integriert werden. *

„Flüchtlinge überfremden die deutsche Kultur!"

»→ Was für ein Fast Food isst du am liebsten? Pizza und Burger? Und was für Musik hörst du? Amerikanischen HipHop oder BTS? Und woher stammt deine Lieblings-Fernsehserie?

Ob es ums Essen geht oder um Musik und Unterhaltung – ein großer Teil unserer Kultur stammt aus anderen Teilen der Welt. In den 60er-Jahren brachten sogenannte „Gastarbeiter" aus Südeuropa und der Türkei ihre Kultur zu uns – vorher gab es in Deutschland keine Pizzarestaurants und Dönerbuden! Gleichzeitig gibt es natürlich auch eine ursprünglich deutsche Kultur, die es zu bewahren lohnt. Die ist aber auch über Jahrhunderte von Wanderungs- und Fluchtbewegungen geprägt worden. Letztlich sind wir alle Afrikaner, die sich im Lauf der Jahrtausende über die ganze Welt ausgebreitet haben.

Eine interessante Tatsache: In Deutschland haben nicht die Menschen am meisten Angst vor „Überfremdung", die in ihrem täglichen Leben viel mit Geflüchteten, Migrantinnen und

Migranten zu tun haben. Die Zahlen sind am höchsten unter den Menschen, die am wenigsten Kontakt mit „Fremden“ haben.

Wir erwarten, dass sich die Geflüchteten in unsere Gesellschaft integrieren, indem sie zum Beispiel Deutsch lernen. Das ist auch wichtig. Aber jeder Mensch aus einem anderen Kulturkreis bringt auch etwas mit, das unser Leben bereichert. Von diesem Austausch profitieren wir alle! *

„Flüchtlinge bringen Krankheiten ins Land!“

»→ Das Coronavirus ist 2020 nicht durch Geflüchtete in unser Land gekommen, sondern wurde wahrscheinlich von Touristen eingeschleppt. Aber natürlich können sich Krankheitserreger dort besser verbreiten, wo viele Menschen dicht aufeinander leben. Einfach weil sie nicht so leicht Abstand zu anderen halten können. So hat es vor allem in Flüchtlingslagern im Globalen Süden, aber auch in Griechenland (siehe Seite 48) viele Covid-Fälle gegeben. Je schneller wir dafür sorgen, dass Geflüchtete in normale Wohnungen umziehen können, umso geringer ist die Ansteckungsgefahr! *

„Unter den Flüchtlingen sind viele Verbrecher und Terroristen!“

Auf den ersten Blick könnte das stimmen: Zwölf Prozent aller Menschen, die 2020 von der Polizei wegen eines Verbrechens festgenommen wurden, waren „Zuwanderer“ – das ist mehr als ihr Anteil an der Bevölkerung.

Aber wenn man genau hinschaut, sieht es etwas anders aus: Diese „Zuwanderer“ sind nicht nur Geflüchtete, sondern auch Menschen, die sich illegal in Deutschland aufhalten. Die tatsächlichen Geflüchteten begehen weniger Verbrechen als die durchschnittlichen Deutschen! Unter den Zuwanderern sind auch viele junge Männer. Und die begehen mehr Verbrechen als etwa ältere Frauen – egal, woher sie kommen.

Kriminologen – das sind Forscherinnen und Forscher, die sich mit Verbrechen beschäftigen – sagen: Es ist nicht wichtig, woher ein Mensch kommt. Es sind die Lebensverhältnisse, die jemanden kriminell werden lassen. Also ist es wichtig, dass wir den Geflüchteten ein menschenwürdiges Leben ermöglichen!

Und was die Angst vor Terroristen angeht: Viele der Geflüchteten sind zu Hause selbst Opfer von Terror und Gewalt geworden. Wir müssen zum Beispiel unterscheiden zwischen dem Islam, einer friedlichen Religion, und sogenannten Islamisten, die terroristische Verbrechen begehen. Zwar haben in den letzten Jahren ein paar Geflüchtete Gewalttaten begangen. Aber insgesamt ist die Zahl der Anschläge auf Geflüchtete größer als die Zahl der Anschläge durch Geflüchtete.

„Wenn man schiffbrüchige Flüchtlinge rettet, kommen nachher noch mehr!“

Die Flucht über das Meer ist gefährlich, und viele Menschen sind schon bei dem Versuch ertrunken (siehe Seite 33). Es gibt Hilfsorganisationen, die mit Booten das Mittelmeer befahren und schiffbrüchigen Menschen das Leben retten. Manche sagen nun: Wenn wir all diese Menschen retten, dann machen wir die Flucht leichter und es kommen immer mehr nach!

Aber sollen wir deshalb die Menschen ertrinken lassen? Nein, wir sind verpflichtet, jedem zu helfen, der in Not ist.

Die Geflüchteten sind ja auch nicht für den schlechten Zustand der klapprigen Boote verantwortlich, mit denen sie übers Meer transportiert werden. Das ist die Schuld der sogenannten Schlepper, die mit diesen Transporten viel Geld verdienen.

Die Menschen wissen inzwischen, wie gefährlich die Fahrt in kleinen Booten ist, und die Zahl der Geflüchteten, die übers Meer kommen, ist stark zurückgegangen. Aber immer noch sterben Menschen beim Versuch, das Mittelmeer zu überqueren. Und jeder Tote ist ein Toter zu viel.

WIE KANN ICH HELFEN?

Du hast in den vorigen Kapiteln eine Menge über die Situation von Geflüchteten und besonders von geflüchteten Kindern gelernt. Jetzt überlegst du vielleicht: Mir geht es so gut – kann ich etwas tun, um diesen Menschen zu helfen? Dieses Gefühl haben viele Leute, und es gibt tatsächlich jede Menge Möglichkeiten. Meistens geht es bei dem Thema Hilfe um Geldspenden – aber wahrscheinlich hast du selber gar nicht so viel Taschengeld. Können Kinder selber etwas tun, um Geflüchteten zu helfen? Hier sind ein paar Tipps!

Kann ich mein altes Spielzeug spenden?

Es ist super, wenn du den geflüchteten Kindern mit Sachen helfen willst, die du nicht mehr brauchst. Dabei solltest du beachten: Geflüchtete wollen nicht unseren Sperrmüll haben. Bevor man etwas spendet, sollte man erst mal rausfinden, ob es gebraucht wird. Organisationen suchen manchmal ganz gezielt zum Beispiel nach gebrauchten Laptops oder nach Fahrrädern. Solche Sachspenden sind nützlicher als ein altes Spielzeugauto, bei dem ein Rad fehlt.

Kann ich alte Sachen auf dem Flohmarkt verkaufen?

»⟶ In vielen Städten veranstalten Flüchtlingsinitiativen Flohmärkte. Dort verkaufen Leute Sachen, die sie nicht mehr brauchen, und das Geld wird dann an Hilfsorganisationen gespendet. Aber Kinder können auch selber eine solche Aktion organisieren.

Vier Jungen in der Schweizer Stadt Aarau haben von den Geflüchteten aus der Ukraine gehört und spontan Spielsachen verkauft – schon nach einer Stunde hatten sie 300 Euro zusammen. Danach nahmen sie auch Geldspenden an und sammelten insgesamt an diesem Tag 850 Euro für Geflüchtete. ✱

Kann ich mich für Geflüchtete engagieren?

»⟶ Unicef, das Kinderhilfswerk der UN hat in allen Bundesländern und in über 40 deutschen Städten Jugendgruppen, die sich regelmäßig treffen und Aktionen planen – zu Geflüchteten, aber auch zu Kinderrechten. Sie veranstalten zum Beispiel Graffiti-Sprayaktionen oder machen Infostände in der Stadt. Hier ist eine Liste von Städten, in denen es schon JuniorTeams gibt: **www.unicef.de/mitmachen/youth/good-action/juniorteam**

Können wir einen Geflüchteten bei uns aufnehmen?

Vielleicht denkst du: Wir haben doch dieses Gästezimmer, das nie benutzt wird. Kann da nicht eine Geflüchtete drin wohnen? Oder eine ganze Familie?

Im Prinzip ist das eine tolle Möglichkeit, den Menschen zu helfen. Sprich mit deinen Eltern – und hab Verständnis dafür, wenn sie „Nein“ sagen. Es ist nämlich gar nicht so einfach, und man muss sehr vieles dabei bedenken. Grundsätzlich ist das aber eine gute Idee!

KINDER HELFEN KINDERN – EIN PAAR BEISPIELE

Mit der Erstkommunion Gutes tun

Kati hatte im Fernsehen viele Nachrichten über Geflüchtete gesehen. Als sie zur Erstkommunion ging (ein wichtiges Fest für katholische Kinder, bei dem es auch viele Geschenke gibt) bat sie ihre Verwandten, ihr statt Geschenken Geld zu geben. Die Hälfte davon hat sie für geflüchtete Kinder gespendet.

Übrig gebliebenes Klassenfahrt-Geld

Die Klasse 4a der Grundschule Lessingstraße in Bremen war auf Klassenfahrt. Am Ende waren noch 70 Euro in der Klassenkasse. Statt das Geld wieder an die Eltern zurückzugeben, beschlossen die Kinder, es für geflüchtete Kinder zu spenden.

Jona's Haus in Berlin-Spandau

Jona's Haus ist schon seit 15 Jahren ein Begegnungszentrum für Kinder und Jugendliche in Not. Nun hilft die Kinder- und Jugendeinrichtung auch geflohenen Kindern aus der Ukraine. Sie veranstaltet gemeinsame Ausflüge von deutschen und ukrainischen Kindern. Und bei der Aktion „Zusammenspiel" haben deutsche Kinder nicht nur gespendete Bücher und Spiele an die geflüchteten Kinder verteilt, sondern einen ganzen Tag mit ihnen verbracht. Auch wenn es den ganzen Tag regnete – „Es war so schön, mit euch zu spielen!", sagten die geflüchteten Kinder zum Abschied.

Muslimische Jugendliche helfen Geflüchteten

JUMA ist eine muslimische Jugendorganisation in Deutschland. Weil auch viele Geflüchtete Muslime sind, begleiten in Berlin JUMA-Mitglieder Geflüchtete ganz persönlich und helfen ihnen, in der für sie fremden Stadt Fuß zu fassen.

Spendenlauf für geflüchtete Kinder

Schülerinnen und Schüler des Kurt-Huber-Gymnasiums in Gräfelfing bei München haben 66.000 Euro für Geflüchtete aus der Ukraine und Kinder in Afrika erlaufen. Für jede Runde, die ein Kind auf einem einen Kilometer langen Rundkurs lief, spendete ein Sponsor mindestens einen Euro. Manche sind mehr als zehn Runden gelaufen!

HILFSORGANISATIONEN

»⟶ Wer nicht viel Zeit hat, um sich für Geflüchtete zu engagieren, kann auch einfach mit Spenden helfen. Dabei gibt es ein paar Regeln, die man beachten sollte:

- Viele Organisationen sagen, dass sie Geflüchteten helfen – aber man sollte genau hinschauen. Auf diesen Seiten listen wir ein paar große Hilfsorganisationen auf, aber es gibt auch in jeder Stadt kleine Gruppen, die Unterstützung gebrauchen können. Wenn eine Organisation das DZI-Siegel hat (vom Deutschen Zentralinstitut für soziale Fragen), ist das schon mal ein gutes Zeichen.
- Schickt den Organisationen nicht unaufgefordert alte Sachen, die ihr nicht mehr braucht. Die sind nämlich keine Altkleidersammlung. Was sie wirklich benötigen, können sie euch sagen, wenn ihr danach fragt.
- Am liebsten sind den Organisationen Geldspenden – mit Geld kann man nämlich unterschiedliche Dinge machen, je nachdem, wo es gerade am dringendsten gebraucht wird. Schreibt auch nicht dazu „Nur für Geflüchtete aus der Ukraine!" oder so was. Das macht den Helfern die Arbeit leichter.

Diese Organisationen helfen:

UN-Flüchtlingshilfswerk (UNHCR): www.unhcr.org
Das ist das Hilfswerk der Vereinten Nationen, das sich auf der ganzen Welt um Geflüchtete kümmert.

Unicef: www.unicef.de
Unicef ist das Kinderhilfswerk der Vereinten Nationen. Außer um Geflüchtete kümmert es sich um alle Kinder, deren Rechte beeinträchtigt werden.

Aktion Deutschland hilft: www.aktion-deutschland-hilft.de
In dieser Gruppe haben sich alle großen Sozialverbände Deutschlands zusammengeschlossen, um ihre Flüchtlingshilfe zu koordinieren.

Deutsches Rotes Kreuz: www.drk.de/hilfe-weltweit/was-wir-tun/fluechtlingshilfe/
Das Rote Kreuz kümmert sich um die körperlichen und seelischen Schäden, die Menschen auf der Flucht erleiden.

Ärzte ohne Grenzen: www.aerzte-ohne-grenzen.de
Diese Organisation schickt Ärzte in Länder, die von Naturkatastrophen oder Krieg betroffen sind.

International Rescue Committee: de.rescue.org
Diese Organisation wurde auf Initiative von Albert Einstein (siehe Seite 96) gegründet und hilft Menschen, die aus politischen Gründen verfolgt werden.

Care: www.care.de
„Care-Pakete" halfen, als in Deutschland nach dem Zweiten Weltkrieg Hunger herrschte. Heute hilft Care weltweit Menschen in Not.

Caritas und Diakonie: caritas.de, www.diakonie-katastrophenhilfe.de
Das sind die Hilfsorganisationen der beiden großen Kirchen in Deutschland.

Das war nur eine kleine Auswahl. Im Internet könnt ihr Listen von vertrauenswürdigen Organisationen finden. Hier zum Beispiel gibt es eine Aufstellung von Hilfsorganisationen, die Geflüchteten helfen:

www.dzi.de/wp-content/pdfs_Spendentipps/Spenden-Info_Flüchtlinge.pdf

WAS MACHT DAS ALLES MIT MIR?

»—› In den Jahren 2015 und 2022 gab es eine große Welle der Hilfsbereitschaft in Deutschland und anderen europäischen Ländern. Die meisten Menschen haben einfach gespürt, dass die Geflüchteten Hilfe brauchten. Aber nicht alle haben sich gefreut, und auch das kann man verstehen. Viele ältere Menschen sind vielleicht verunsichert, wenn plötzlich so viele Menschen um sie herum eine andere Sprache sprechen. Oder sich anders anziehen und für uns ungewöhnliche Sachen essen. In vielen Schulen ging es drunter und drüber, weil so viele neue Kinder in die Klassen kamen. In den Medien gab es viele negative Nachrichten über Kriege und Menschen, die auf der Flucht gestorben sind. Es ist völlig okay, dass einem das manchmal zu viel ist oder man verunsichert ist, weil sich so vieles verändert. Nur wenn man sich auch mit diesen Gefühlen auseinandersetzt, kann man die Geflüchteten aus vollem Herzen willkommen heißen! ✳

BERÜHMTE GEFLÜCHTETE

»→ Menschen, die als Geflüchtete in einem fremden Land ankommen, müssen meist ganz unten anfangen. Universitätsprofessoren werden dann vielleicht Taxifahrer, Lehrerinnen arbeiten als Putzfrau. Kinder haben in der Schule Schwierigkeiten, weil sie die Sprache noch nicht verstehen. Aber es gibt erstaunlich viele Beispiele von Geflüchteten, die trotz all dieser Umstände eine beeindruckende Karriere gemacht haben und berühmt geworden sind. Auf den nächsten Seiten beschreiben wir ein paar Beispiele!

ALEK WEK
aus Südsudan

»→ Der Name Alek bedeutet im Volk der Dinka so viel wie „schwarz gefleckte Kuh". Alek Wek wurde 1977 in der Stadt Wau im Süden des Sudan als siebtes von neun Kindern geboren, in einem Haus ohne Strom und fließendes Wasser. Damals kämpfte der Süden des Landes um seine Unabhängigkeit. Es war ein blutiger Bürgerkrieg. „Nachbarn verschwanden auf mysteriöse Weise. Man ging Wasser holen und sah unterwegs Leichen am Wegesrand", erzählt Alek.

Die Familie floh erst in die sudanesische Hauptstadt Khartum, dann nach London. Aber Aleks Vater starb unterwegs. Mit 14 Jahren kam Alek in Großbritannien an, sprach kaum ein Wort Englisch. Andere Kinder machten sich über den afrikanischen Teenager lustig und hänselten sie für ihre langen Beine – für die wurde sie später berühmt. Alek ging auf eine Modeschule, und eines Tages wurde sie auf einem Markt von einem Talentscout entdeckt. Sie trat in Musikvideos von Tina Turner und Janet Jackson auf und machte eine steile Karriere als Supermodel.

Damals gab es noch nicht viele Models wie sie auf den Laufstegen der Modewelt. Viele andere Frauen fühlten sich durch Alek Wek ermutigt. „Ich konnte gar nicht glauben, dass die Leute eine Frau schön fanden, die so ähnlich aussah wie ich", sagte zum Beispiel die Schauspielerin und Oscar-Preisträgerin Lupita Nyong'o.

Alek Wek wollte nicht nur ein hübscher Kleiderständer sein. „Es gibt eine größere Welt da draußen als unsere kleine Blase, in der wir uns so toll fühlen", hat sie einmal in einem Interview gesagt. Alek hat ein Buch über ihren Lebensweg geschrieben, und als der Südsudan 2011 unabhängig wurde, reiste sie für das Flüchtlingshilfswerk der Vereinten Nationen in das Land, um zurückgekehrte Geflüchtete zu unterstützen.

Leider brachen bald darauf wieder Kämpfe aus. Aber sie wird sich auch weiterhin für verfolgte Menschen einsetzen.

FREDDIE MERCURY
aus Sansibar

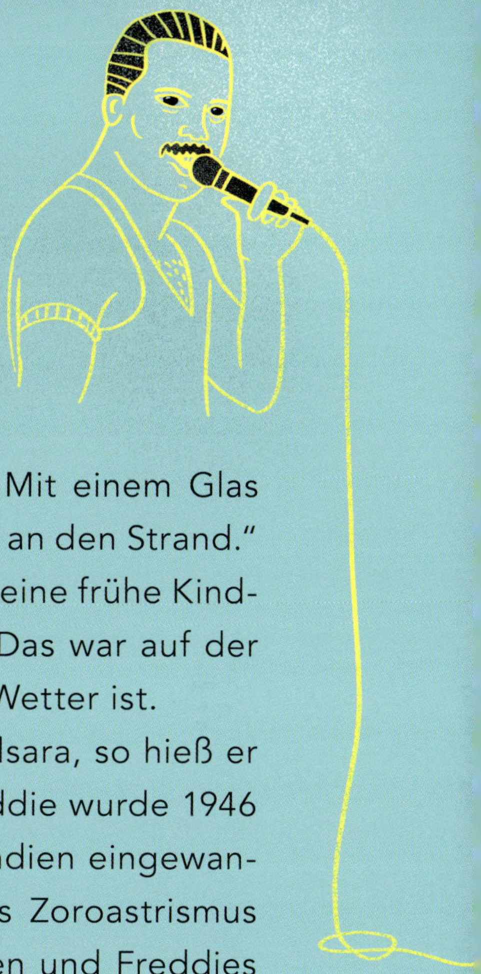

»—› „Ich wurde von der Dienerin geweckt. Mit einem Glas Orangensaft in der Hand trat ich nach draußen an den Strand." So hat der berühmte Sänger Freddie Mercury seine frühe Kindheit geschildert. Klingt nicht schlecht, oder? Das war auf der Insel Sansibar, wo das ganze Jahr über gutes Wetter ist.

Aber dann nahm das Leben von Farrock Bulsara, so hieß er ursprünglich, einen ganz anderen Verlauf. Freddie wurde 1946 in Sansibar geboren, seine Eltern waren aus Indien eingewandert und gehörten der seltenen Religion des Zoroastrismus an. Sansibar gehörte damals zu Großbritannien und Freddies Vater arbeitete für die Regierung. Deshalb konnte die Familie recht gut leben und sich zum Beispiel Dienstpersonal leisten.

»—› Aber die Einwohner der Insel wollten sich von England befreien. Das führte zu einem blutigen Bürgerkrieg, bei dem viele Tausend Menschen starben. Die Bulsaras entschlossen sich, nach London zu ziehen.

Freddies Vater hatte zwar einen britischen Pass, sodass sie ziemlich leicht einwandern konnten und kein Asylverfahren durchlaufen mussten, aber mit dem bequemen Leben und der Dienerin war es vorbei. Die Familie lebte in ziemlich armen Verhältnissen. Für Freddie aber war die Flucht ein Segen: England war die Heimat seiner Pop-Idole, und 1970 gründete er mit ein paar Freunden die Band Queen, die weltberühmt wurde.

An den Strand seiner Kindheit ist Freddie Mercury nie zurückgekehrt und er sprach auch nicht viel darüber. Auf der Insel erinnert eine Gedenktafel an seinem Geburtshaus an den Sänger, der 1991 an der Krankheit Aids starb. Ansonsten will seine Heimat mit ihm nicht viel zu tun haben – Freddie Mercury war homosexuell, das heißt er liebte Männer, und das ist in dem muslimischen Land streng verboten. *

ALBERT EINSTEIN
aus Deutschland

Albert Einstein ist vielleicht der berühmteste Physiker aller Zeiten. Fast jeder Erwachsene weiß, dass er die sogenannte Relativitätstheorie entwickelt hat, und viele können auch die Formel „$E = mc^2$" hersagen – allerdings wissen die wenigsten, was sie bedeutet.

Einstein wurde 1879 in der deutschen Stadt Ulm in eine jüdische Familie geboren, seine wichtigsten Entdeckungen machte er zwischen 1905 und 1920. Den Nobelpreis für Physik bekam er im Jahr 1922. Er war der erste internationale Wissenschafts-Star. Vielleicht kennst du das berühmte Foto, auf dem er die Zunge herausstreckt. Ihm waren einfach die vielen Fotografen lästig, die Bilder von ihm knipsen wollten.

1933 kamen in Deutschland die Nationalsozialisten an die Macht, die es besonders auf jüdische Bürger abgesehen hatten. Millionen wurden zuerst in Konzentrationslager gebracht und dann ermordet. Aber auch schon vorher machte man ihnen das Leben schwer. Albert Einstein wurde von den Nazis als „undeutsch" bezeichnet, seine Bücher wurden öffentlich verbrannt. Der Physiker, der schon damals viel Zeit im Ausland verbrachte, entschied sich, Deutschland zu verlassen und in die USA zu ziehen.

Einstein hatte Angst, dass die Deutschen die neuen physikalischen Kenntnisse, zu denen er beigetragen hatte, für den Bau einer Atombombe nutzen würden. Deshalb forderte er zusammen mit anderen Forschern die amerikanische Regierung auf, selbst eine solche Bombe zu entwickeln. Nachdem die USA tatsächlich zwei Atombomben in Japan einsetzten und viele Menschen töteten, bereute er das. Er hat sich in seinen letzten Lebensjahren international für den Frieden engagiert.

Mit seiner alten Heimat hat er sich nie versöhnt. „Nachdem die Deutschen meine jüdischen Brüder in Europa hingemordet haben, will ich nichts mehr mit Deutschen zu tun haben", sagte er. Er blieb in den USA, wo er 1955 starb.

M.I.A.
aus Sri Lanka

Mathangi Arulpragasam, genannt Maya, ist unter dem Künstlernamen M.I.A. bekannt geworden (man spricht die Buchstaben getrennt auf Englisch aus, „em-ei-äi“). Ihre Musik ist eine Mischung aus Rap und Elektronik.

Maya wurde 1975 in London geboren, ihre beiden Eltern stammten aus Sri Lanka in Südasien. Dort herrschte damals ein Bürgerkrieg – die Minderheit der Tamilen wurde von der Regierung unterdrückt und wehrte sich mit teilweise sehr blutigen Mitteln. Als Maya ein halbes Jahr alt war, beschloss ihr Vater, für eine tamilische Rebellenorganisation zu kämpfen und die Familie zog nach Sri Lanka um.

In ihrer Kindheit erlebte Maya den Krieg aus nächster Nähe. Sie erinnert sich, dass Regierungssoldaten auf ihre Schule schossen. Die Mutter brachte sie und ihre Schwester zeitweise ins Nachbarland Indien in Sicherheit, ihren Vater hat sie während dieser Zeit nur ein paarmal gesehen.

Kurz vor ihrem 11. Geburtstag ging die Mutter mit Maya und ihrer Schwester nach London in Großbritannien. Dort lebte die Familie zunächst in einer Flüchtlingsunterkunft. Der Vater kam später nach, aber er war dem Mädchen immer sehr fremd, weil sie so wenig Zeit mit ihm verbracht hatte.

Nach der Schule ging Maya an eine Kunsthochschule. Sie entwarf ein Album-Cover für eine Rockband und drehte ein Musikvideo. Dann lernte sie, mit elektronischen Geräten selber Musik zu produzieren. Und als sie keine Sängerin fand, sang sie selbst auf ihren Aufnahmen.

Krieg und Gewalt spielen in den Songs und auch in den Musikvideos von M.I.A. eine große Rolle. Manchmal war die gezeigte Gewalt so brutal, dass Fernsehsender sich weigerten, das Video zu zeigen. Und im Jahr 2015 veröffentlichte sie das Musikvideo „Borders“, das sich um das Thema Flucht dreht. ✳

ANNE FRANK
aus Deutschland

Anne Frank wurde 1929 in Frankfurt am Main geboren. Dass sie jüdisch war, war in ihrer Kindheit nicht besonders wichtig, ihre Eltern waren nicht sehr religiös. Als die Nazis 1933 die Macht übernahmen, änderte sich das. Juden bekamen immer mehr Probleme, und ein Jahr später zog die Familie in die Niederlande um, nach Amsterdam.

Anne lernte schnell Niederländisch und war in der Schule

gut in Lesen und Schreiben. Aber als Deutschland 1940 die Niederlande besetzte, hatten Juden es auch in Amsterdam schwer. Sie mussten einen gelben Stern tragen, damit jeder sie erkennen konnte.

Ab dem Jahr 1942 versteckte sich die Familie im Hinterhaus der Firma von Annes Vater – ein Bücherregal verdeckte den Eingang zu dieser kleinen Wohnung. Freunde kamen dazu, sodass insgesamt acht Menschen in diesen zwei Zimmern lebten.

Anne hatte zu ihrem 13. Geburtstag ein rot-weiß kariertes Notizbuch bekommen, in das sie jetzt alles schrieb, was ihr in den Sinn kam – die Ereignisse des Tages, aber auch ihre Gedanken zu dem, was in der Welt passierte. Nach dem Krieg wollte sie aus diesen Aufzeichnungen ein Buch mit dem Titel „Das Hinterhaus" machen.

Jemand muss die Familien verraten haben. Jedenfalls wurden sie nach zwei Jahren festgenommen und nach Deutschland in Konzentrationslager geschafft. Anne kam mit ihrer Schwester in das Lager Bergen-Belsen, die beiden starben kurz vor dem Ende des Kriegs an einer Infektionskrankheit. Der Vater überlebte als Einziger aus der Familie den Krieg.

Anne Franks Tagebücher wurden nach dem Krieg zu einem internationalen Bestseller, ihr Wohnhaus in Amsterdam ist heute eine Gedenkstätte. Anne hat grausame Dinge erlebt, aber sie hat nie die Hoffnung aufgegeben. „Trotz allem denke ich, dass die Leute gut im Herzen sind", schrieb sie einmal in ihr Tagebuch.

SERGEY BRIN

aus der Sowjetunion

Wenn du etwas im Internet finden willst, dann „googelst" du wahrscheinlich. Das Wort kommt von der Firma Google, deren Namen wir heute alle kennen. Aber nicht viele wissen, dass einer der beiden Gründer von Google ein Geflüchteter war.

Sergey Brin wurde 1973 in Moskau geboren. Damals existierte noch die Sowjetunion, ein Land, in dem die Menschen nicht sehr viele Freiheiten hatten. Sergeys Eltern waren Juden. Obwohl offiziell in der Sowjetunion jeder glauben durfte, was er wollte, merkten Juden doch täglich, dass sie irgendwie nicht dazugehörten. Sergeys Vater zum Beispiel durfte nicht Astronomie studieren, stattdessen wurde er Mathematiker.

Schon als kleines Kind stellte Sergey fest, dass Juden anders behandelt wurden und nicht als „richtige" Russen galten. Eines Tages kam sein Vater von einer Dienstreise nach Polen zurück und sagte: „Wir können nicht mehr hierbleiben." Die Brins stellten einen Antrag, aus der Sowjetunion auszureisen. Sergey war sechs Jahre alt. Nach einem halben Jahr wurde die Ausreise genehmigt.

Die Familie ging zuerst nach Wien, dann nach Paris. Eine jüdische Organisation half ihnen, Fuß zu fassen, und Sergeys Vater bekam einen Job an einer Universität in den USA. So wurde der kleine Sergey zum Amerikaner. Er lernte fleißig, war besonders gut in Mathematik. Als er in Kalifornien an der bekannten Stanford-Universität studierte, dachte er mit seinem Freund Larry Page darüber nach, wie man das Internet so durchsuchen könnte, dass man immer die beste passende Seite für eine Anfrage findet.

Der Rest ist Geschichte: Google hatte einen Riesenerfolg. Sergey Brin muss heute nicht mehr für die Firma arbeiten, er steht auf Platz zwölf der reichsten Menschen der Welt und besitzt etwa 100 Milliarden Euro. Und ganz gewiss ist er der wohlhabendste Geflüchtete der Welt. *

ILHAN OMAR
aus Somalia

Ilhan Omar wurde 1982 in Somalia in Ostafrika geboren, wo bis heute ein Bürgerkrieg tobt (siehe Seite 19). Sie war das jüngste von sieben Kindern. Ihre Mutter starb, als sie zwei Jahre alt war. Als Ilhan acht war, floh ihre Familie aus dem umkämpften Land. Vier Jahre lebten sie in einem Flüchtlingslager in Kenia, dann wurde ihr Asylantrag in den USA angenommen.

Die Omars ließen sich in der Stadt Minneapolis nieder. Mit ihrem Hidschab, also dem muslimischen Kopftuch, war Ilhan für viele andere Kinder eine ungewohnte Erscheinung. Sie wurde gehänselt, Kinder klebten ihr Kaugummi ins Kopftuch oder schubsten sie die Treppe hinunter. Ihr Vater sagte: „Diese Menschen tun das nicht, weil sie dich nicht mögen. Sie tun das, weil sie sich irgendwie durch deine Existenz bedroht fühlen."

»→ Schon als Teenager interessierte sich Ilhan für Politik und arbeitete im Wahlkampf für örtliche Politiker. Im Jahr 2016, da war sie 34, wurde sie in das Parlament des Bundesstaats Minnesota gewählt. Zwei Jahre später kandidierte sie für das nationale Repräsentantenhaus und gewann die Wahl – als eine der ersten beiden Musliminnen in diesem Parlament.

Ilhan fordert, dass weniger Geld für Militär und Waffen ausgegeben wird, und sagt: „Ich bin aus Prinzip gegen Krieg, weil ich einen Krieg überlebt habe." Sie wird von vielen angegriffen, weil sie muslimisch ist. Der damalige Präsident Donald Trump sagte einmal, sie und ihre Kolleginnen sollten „in ihre Länder zurückgehen" – dabei war Ilhan seit ihrem 17. Lebensjahr amerikanische Staatsbürgerin. Sie hat auch schon Morddrohungen bekommen, aber sie lässt sich davon nicht einschüchtern.

Wahrscheinlich denkt sie noch heute oft an den Satz ihres Vaters – „Sie tun das, weil sie sich irgendwie durch deine Existenz bedroht fühlen." ✱

QUELLEN

Ankommen – Flüchtlingskinder in Deutschland

Unterrichtsmaterialien für die Klassen 3-4
https://www.unicef.de/_cae/resource/blob/120708/e28132b0745c79bf8347263066a1362a/unterrichtsmaterial-kr-flucht-ansicht-es-data.pdf

FAQ Resettlement
unhcr.org/dach/de/services/faq/faq-resettlement

UNO-Flüchtlingshilfe: Integration von Flüchtlingen
https://www.uno-fluechtlingshilfe.de/hilfe-weltweit/perspektiven-schaffen/integration

Bundeszentrale für politische Bildung: Migration und Integration
https://www.bpb.de/themen/migration-integration/

Schutz und Unterstützung für geflüchtete Kinder in Deutschland (UNICEF)
https://www.unicef.de/informieren/projekte/europa-1442/deutschland-1554/fluechtlingskinder/98614

UNHCR Global Trends Report (auf Englisch)
https://www.unhcr.org/62a9d1494/global-trends-report-2021

Die Situation geflüchteter junger Menschen in Deutschland
https://b-umf.de/src/wp-content/uploads/2021/04/webversion_onlineumfrage2020.pdf

Geschichte der vertriebenen Deutschen nach dem 2. Weltkrieg
https://www.planet-wissen.de/geschichte/deutsche_geschichte/flucht_und_vertreibung/index.html

Kinder auf der Flucht (UNO-Flüchtlingshilfe)
https://www.uno-fluechtlingshilfe.de/hilfe-weltweit/fluechtlingsschutz/fluechtlingskinder

Viele Infos zu allen Fragen rund um Flüchtlinge: Mediendienst Integration
https://mediendienst-integration.de/

Unsere Geschichten von Geflüchteten:

Amena aus Syrien:
Save the Children (https://www.savethechildren.de/unterstuetzen/nothilfe/kinder-auf-der-flucht/rettungsschiff/amena/)

Nyaboth aus Südsudan:
UNO-Flüchtlingshilfe (https://www.unhcr.org/news/stories/2014/12/56ec1e731e/the-things-they-left-behind.html)

Seva aus der Ukraine:
ZEIT Leo (https://leo.zeitverlag.de/artikel-detail-aktuelles/was-passiert-in-der-ukraine.html)

Najibullah aus Afghanistan:
The Guardian (https://www.theguardian.com/world/2016/jan/26/didnt-think-might-never-see-parents-again-refugee-children-share-their-stories)

Shamshidah aus Myanmar:
UNO-Flüchtlingshilfe (https://www.uno-fluechtlingshilfe.de/hilfe-weltweit/fluechtlinge-erzaehlen/shamshidah-aus-myanmar)

Ibrahim aus Nigeria:
UNO-Flüchtlingshilfe (https://www.uno-fluechtlingshilfe.de/hilfe-weltweit/fluechtlinge-erzaehlen/ibrahim-aus-nigeria)

Anas, Abdelhamid, Mohamed und Mahmoud aus Syrien:
Unicef (https://www.unicef.de/informieren/aktuelles/blog/-/kindheit-kann-nicht-warten-teil5/273980)

Rachid aus Afghanistan:
Human Rights Watch (https://www.hrw.org/news/2019/12/18/greece-unaccompanied-children-risk)

Maya aus Syrien:
(https://www.savethechildren.org/us/charity-stories/covid-19-child-refugees-zaatari-camp-jordan)

Mahmoud aus Syrien:
UNO-Flüchtlingshilfe (https://www.unhcr.org/news/stories/2014/4/56ec1e5c10/escaping-by-sea.html)

REGISTER

W

Z

Drösser, Christoph/Coenenberg, Nora:
Wir mussten flüchten
ISBN 978 3 522 30633 1

Text: Christoph Drösser
Gesamtausstattung und grafisches Konzept: Nora Coenenberg
Beratung: Aşkın-Hayat Doğan
Satz: Tanja Haaf
Reproduktion: Schwabenrepro, Fellbach
Druck und Bindung: Livonia Print, Riga

FSC www.fsc.org
MIX
Papier | Fördert gute Waldnutzung
FSC® C002795